AF398912

Originalausgabe

© *by Mathias Bellmann. Das Werk einschließlich aller Inhalte ist urheberrechtlich geschützt. Alle Rechte vorbehalten.*

Verlag: BoD • Books on Demand GmbH, In de Tarpen 42, 22848 Norderstedt
Druck: Libri Plureos GmbH, Friedensallee 273, 22763 Hamburg

Politische Lyrik

Freie Wahlen

Lebe frei
Und lass dein Herz
Nicht in Ketten legen.

Wähle für dich
Selbst und nicht nach
Den Regeln unfreier Traditionen.

Wir Menschen
Waren Sklaven von Kulturen
Toter Bücher.

Sie zwangen uns
Aufzumarschieren und unsere
Menschenbrüder totzuschlagen.

Schüttel ab den Kult
Alter, kalter Zeiten
Aus Ständen, Kasten und Klassen.

Lebe frei
Und wähle den Weg
Deines liebenden Herzens.

Die Bürokratie

Gegen die Wand.
Systemverbrannt.
Stigmatisiert und
Kategorisiert.

Frei ist das Herz
Und passt in keine Kartei.
Vom Rekrutierer
Verführte Glieder.

Die Welt ist analog,
Aber digital genormt.
Das Leben annehmen
Oder im Internet leben.

Endlose Ämter
Voller Beschränkter.
Irrsinns Formulare
Sind ihre Ware.

Aber der Mensch
Ist gezwängt
In ein Korsett
Wie ein Knecht.

Regen oder Traufe

Volle Lager der Linken,
Die mit Knechtschaft
Und Folter winken.

Volle Gefängnisse der Rechten,
Die Menschen erniedrigen
Und vernichten.

Regen und Traufe
Sind Rechts und Links.
Wer immer sie wählt,
Wähnt sich danach, die freien Menschen
Zu bekämpfen, um ihnen die Freiheit zu rauben
Und sie total zu überwachen.

Wer immer den
Rechten oder linken Pfad wählt,
Wird im Krieg erwachen.
Denn etwas anderes können
Links und Rechts nicht,
Auch wenn die Linken
Ihren Weltkrieg Weltrevolution tauften.

Reduziert zur Ware

Mehr Sklaven
Als zu Zeiten des alten Afrikas.
Menschen als Ware.

Wir sind nicht weiter,
Wir sind nur größer.

Die Sklaverei
Schafft noch immer Leid.

Für Millionen Menschen,
Gebundene Menschen,
Die als Sklaven kämpfen
Und in Ketten liegen.

Unfreie Kinder,
Die sie schinden.
Unfreie Frauen,
Die sie sexuell ausbeuten.
Unfreie Männer,
Die schlechter leben
als bettelarme Männer.

Kann die Erde
Das beenden?

Deutschland

Geh raus und
Genieße die Abendluft.
Hier in der Heimat
Ist es wunderschön.

Wir leben, aber wissen wir,
Wie gut wir es haben?
Hier haben wir
Nahezu ein Paradies.

Unser Land ist frei
Und es gibt Gerechtigkeit.
Wir sind sogar reich,
Wenn auch ungleich verteilt.

Die halbe Welt träumt
Hier zu sein.
Aber hier schäumen
Manche unzufrieden.

Wir sind privilegiert
In diesem Land.
Denn bei uns ist
Die Demokratie etabliert.

Abgewetzte Schuhe

Ich erfriere,
Weil der Welt
Die Liebe fehlt.

Hunger grassiert,
Während sich andere
Überfressen.

Die einen tanzen,
Die andern kämpfen
Mit Waffen.

Saubere Luft hier,
Dort frisst sie
Das Leben.

Reich und frei einige,
Aber viele werden
Brutal gepeinigt.

Gemachte Gegensätze,
Obwohl es mehr
Als genug Schätze
Für alle Menschen gibt.

Runder Tisch

Am Rand der Klippe
Steht das Weltgerippe.

Wir steuern auf den Abgrund zu
Und keiner bleibt mehr ruhig.

Raketensprengköpfe drohen
Und die Menschen verrohen.

Unsere Führer sind korrupt.
Ihre Politik hat sich als Lüge entpuppt.

Das System ist krank
Und zu viele unantastbar.

Nur der Weg der Liebe
Führt aus der Irre.

Nur wenn wir ehrlich zuhören,
Werden wir bessere Zeiten
Heraufbeschwören.

Tand

Wir fallen,
Weil ihre Produkte
Über uns herfallen.

Jedes Produkt
Aus einer Diktatur,
Das wir kaufen,
Holt die Diktatur
Zurück zu uns.

Jeden Cent,
Den die Diktaturen
An uns verdienen,
Macht sie stärker.

So ruinieren wir
Unsere freie Kultur.
Denn billige Güter aus der Diktatur
Bringen uns die Diktatur
Stück für Stück zurück.

Wir verlieren
Und wir verspielen
Unsere Freiheit für billigen
Plunder und Tand.

Der Weg besserer Politik

Wir können warten
Auf eine bessere Politik
Oder sie selber machen.

Die Politiker sind aktiv,
Aber zugleich sind
Sie stinkfaul.

Sie schütteln Hände
Und kassieren Spenden.
Das ist keine gute Politik.

Sie verkaufen sich im
Fernsehen oder in Talkshows,
Aber das ist primitiv.

Sie sollten verstehen
Und Probleme lösen,
Dafür müssten sie fleißig sein.

Ein besserer Weg in
Der Politik ist möglich,
Aber nur mit Schweiß und Fleiß.

Neue Politiker braucht das Land

Wir brauchen eine bessere Welt!
Aber können die Politiker,
Die wir aktuell haben,
Sie wahr machen?

Ich höre euch lachen.
Aber spaßt man
Bei so ernsten Sachen?

Aber auch ich muss lachen,
Weil ich mal annahm,
Sie könnten es bei der
Performance, die sie dieser
Tage weltweit abliefern.

Neue Politiker braucht das Land
Und auch die Frauen der Schöpfung
Sind nicht besser, nicht mal kompetenter.

Wir werden erst finden,
Was wir suchen, wenn wir
Einen Weg finden, bessere
PolitikerInnen zu erfinden.

Politik ist Mord

Politisch motiviert
Menschen massakriert,
Das ist leider viel zu oft
In der Geschichte passiert.

Besonders Links und Rechts
Sind dafür bekannt,
Alle gern zu lynchen,
Die sich ihnen nicht
Unterordnen wollen.

Die Linken und Rechten
Bauen beide gern Lager
Und sperren Menschen ein,
Die frei denken wollen.

Die Linken und Rechten
Überwachen beide gern
Und sind immer bereit, Gewalt gegen
Andersdenkende anzuwenden.

Im Namen der Politik
Geschieht ein Mord.
Im Namen ihrer Politik
Fühlen sie sich ermächtigt,
Menschen zu ermorden.
Im Namen der Politik
Werden sie zu Mördern.

Steh auf! Stell dich!

Ehre in Heeren
Der freien Welten.

Für Gerechtigkeit
Zu streiten, klingt verrückt,
Aber verrückt sind Kriegshetzer
Und Korrupte, die alles
Destabilisieren, worauf wir
Unser Friedensparadies gründen.

Die Heere der freien Völker.
Die Heere der Bewussten.
Blutzoll fordern die Monster,
Die alle ermorden wollen.

Dutzende Millionen töteten
Die Faschisten im letzten Jahrhundert.
Dutzende Millionen töteten
Die Kommunisten im letzten Jahrhundert.
Mehr als hundert Millionen töteten
Die Fundamentalisten im letzten Jahrtausend.

Steh auf!
Stell dich den Feinden
Der Freiheit!

Der Preis der Freiheit

Wie sonst,
Wenn nicht durch Heldenmut?
Wie sonst,
Wenn nicht durch Opferbereitschaft?

Du lebst frei.
Du lebst sicher.
Aber deine Freiheit und
Sicherheit hatte einen Preis.

Irgendjemand hat diesen Preis
Für dich bezahlt.
Irgendjemand hat deine Freiheit
Und Sicherheit erarbeitet,
Nein mehr noch: erkämpft!

Kein freies Land der Erde
Bekam seine Freiheit geschenkt.
Sie mussten darum kämpfen.
All die freien Völker der Erde
Waren lange Sklaven in der Herde
Von Adligen und Priestern.

Bist du bereit, den Preis
Für die Freiheit zukünftiger Generationen
Zu zahlen?

Keimen

Hoffnung keimt,
Aber sind wir Menschen
Wirklich bereit,
Aufzuhören zu kämpfen?

Wir hassen uns
Seit tausenden Jahren.
Wir misstrauen uns,
Als wäre es unsere
Zweite Natur geworden.

Was fehlt für den Sieg
Einer friedlichen Gesellschaft?
Es ist die richtige Politik!
Haben wir eine gute Politik?

Nein, sie ist definitiv
Unter mittelmäßig.
Wir haben Politiker und
Politikerinnen, die sich
Für ihre Diät interessieren,
Aber ansonsten nur
Debattieren, ohne sich die Mühe
Zu geben, das Volk zu verstehen.

Solange Politik so ist,
Wächst nur Mist.
Solange die Politik so bleibt,
Erstickt jeder Hoffnungskeim.

Der Fundamentalist

Winternacht.
Straßenkämpfe.
Das Böse ist wieder erwacht
Und wieder mal sind es
Faschisten und Fundamentalisten.

Seit Jahrhunderten säen sie Terror
Und morden ohne Gnade.
Vielleicht die einen erst
Seit hundert Jahren, aber
Wie ihr es auch dreht,
Der Fundamentalist ist
Blutrünstiger als der Faschist.

Der Fundamentalist
Tötet dich, wenn du nicht
Glaubst, was er will.

Der Fundamentalist
Vergewaltigt dich, wenn du eine
Frau im gebärfähigen Alter bist.
Im Namen seine Gottes
Zwingt er dich mit sozialer Gewalt,
Dich zu heiraten und dann beginnt
Lebenslange Sexsklaverei.
Der Fundamentalist
Findet dich, denn er ist bereit,
Die ganze Erde zu erobern
Und jeden zu ermorden,
Der oder die anders ist.

Nie wieder

Immer wieder
Kämpfen für unser Recht.

Immer wieder
Aufstehen für Gerechtigkeit.

Immer wieder
Einstehen für Fairness.

Immer wieder
Sich aufregen über Unrecht.

Immer wieder
Rebellieren gegen Autokraten.

Nie wieder
Zulassen, dass Diktaturen
Siegen!

Macht macht

Machen und machen.
So wird Macht gemacht.

Kennt ihr die Millionen,
Die an ihren Esstischen,
In Kneipen oder Bars sitzen
Und sich das Maul zerreißen
Über die Politik, aber die nie
Etwas machen?

Sie sind die Schafe,
Die sich willig zur Schlachtbank
Führen lassen.

Wer wahrhaft ist,
Der macht.
Wer etwas bewegen will,
Der macht.
Wer etwas ändern will,
Der macht.

Politik wird gemacht
Durch Macht, die macht.

Die Qual vor der Wahl

Die Welt dreht sich,
Aber drehst du dich
Mit ihr oder andersherum?

Der Strom der Erde.
Forellen schwimmen
Gegen den Strom.

Was ist die richtige Richtung,
Wenn alles im Chaos
Zu versinken droht?

Gemäßigt versus Extremist.
Mitte oder Links-Rechts.

Alles verliert dieser Tage
Den Wert alter Tage,
Wo Klarheit sicher war.
Denn die Geschichte beweist,
Keine konnte beweisen,
Den Pfad des Wahren und
Ehrlichen gewählt zu haben.

So sind wir dieser Tage
Verwirrt und suchen das Wahre
In einer Welt der Relativität
Und maroden Deutungshoheit.

Zu wählen ist schwer,
Aber nicht zu wählen,
Wiegt noch schwerer.
Dann gewinnen die Falschen definitiv!

Politischer Schatz

Der größte Schatz
Sind unsere Kinder,
Aber welcher Politiker
Hat das erkannt?

Man könnte hoffen,
Die Politikerinnen verständen es,
Aber wir sahen die erste Kanzlerin
Ohne jegliches Verständnis
Für elterliche Nöte und Ängste.

Die Politik versagt,
Denn ihre Entscheidungen
Sind das Grab
Kommender Generationen.

Die Politik lebt im Augenblick,
Könnte man glauben,
Aber sie lebt nur
Für neue Wählerstimmen.

Wie viel Wahrheit steckt
In Wahlversprechen und
Können uns die Idealisten retten?

Gäbe es welche, aber die Idealisten
Aller Lager sind nur Aktivisten,
Solange es Diäten bringt
Und nicht, weil sie ehrlich sind.
Das beste Beispiel sind die Grünen.

Es bleibt die nächste Generation
Ohne den verdienten Lohn
Und beraubt um ihr Erbe
Einer glücklichen Erde.

Was ist Politik?

Politik ist kein Geschäft,
Aber sie machen es
Zu einem.

Politik ist nicht korrupt,
Aber sie verkaufen
Ihr Stimmrecht.

Politik ist nicht böse,
Aber sie nutzen ihre Macht,
Um zu unterdrücken.

Politik will keinen Krieg,
Aber die Gierigen wollen
Neues Land.

Politik ist nicht gegen die Menschen,
Aber sie missbrauchen sie
Und diskriminieren.

Politik ist nicht schlecht,
Aber gewisse Politiker
Sind es.

Wildwuchs

Freie Bäume
Ungestutzt.
Freie Geister.
Wildwuchs.

Freiheit
Gebiert Reinheit
Und nicht
Dieser Nazischeiß.

Öffne das Tor.
Weltinnenraum.
Tritt hinüber
Zu dir selbst.

Befreie dich.
Zwangskultur.
Freiheit erhebt.
Unsterblichkeit.

Im Fluss.
Harmonie im Herzen.
Eine glückliche Welle.
Politischer Ozean.

Jugendwahlrecht

Wenn Kinder wählen,
Was soll Schlimmeres passieren,
Als was die Alten schon ständig
Mit ihrer Stimmabgabe ruinieren?

Wann haben je die Besten gewonnen
Und nicht die Charismatischsten
Oder die mit den größten Spenden
Aus Industrie und Wirtschaft?

Vielleicht geben wir ihnen
Die Chance, zu beweisen,
Wie klug sie wählen können.

Menschen wachsen
An ihren Aufgaben.
Menschen denken
Anhand der Realität,
Die sie kennen.

Lassen wir alle teilhaben
An unserer Welt
Auf Augenhöhe
Als ein Volk.

Heile Welt

Sie wollen Stars sein
Und zu den Sternen fliegen,
Aber seht mehr hin und erkennt,
Wie unter dem verbreiteten
Größenwahn die Welt zerbricht.

Am Limit.
Ausgelaugt. Erschöpft.
Einsam und allein,
Aber jeder will der Boss sein.

Wir leben aneinander vorbei.
Sehen uns nicht mehr.
Nur die stumpfe Aggression,
Die bis in die Parlamente kriecht
Und die Welt vergiftet.

Heile Menschen schaffen
Eine heile Gesellschaft
Und daraus wird eine heile Politik.

Stellen wir uns dem Feind!

Die Antwort auf den Faschismus
Ist Mut.
Wir müssen ihm mutig
Entgegentreten, um ihm zu besiegen.

Die Antwort auf den Kommunismus
Ist Vernunft.
Wir müssen sehr vernünftig
Beweisen, dass er menschenverachtend
Und mordlüstern ist.

Die Antwort auf den Fundamentalismus
Ist das Herz.
Wir müssen in unserem Herzen
Fühlen, dass ihr Glauben
Voll von Hass und Gewalt ist.

Die Antwort auf die Oligarchie
Ist Scharfsinn.
Wir müssen scharfsinnig
Bessere Geschäfte machen
Als Demokratie.

Die Antwort auf den Militarismus
Ist die Gemeinschaft.
Wir müssen alle gemeinsam
Zusammenstehen, um ihnen
Die Soldaten zu nehmen.

*** Frei bleiben***

Für immer
Ist nichts.
Alles ist nur
Durch Bedingungen.

Ursachen
Haben erschaffen,
Die freie Welt
Mit freien Meinungen
Und privatem Geld.

Aber unsere Freiheit
Wird bedroht,
Wenn wir nicht
Für sie kämpfen.

Meinung ist Meinung,
Aber Hass ist Hass.
Die Kriegshetzer
Unterwandern das Land.

Du bist das Zünglein
An der Waage
Der Freiheit.

Du bist der Fels
Der demokratischen
Brandung.

Du bist der Stein,
Der echte Freiheit
Anstößt.

Im Bundestag

Im Bundestag nachgefragt
Und tausende Ausreden
Erhalten.

In der Pressekonferenz
Protestiert gegen das Gespenst
Der Desinformation.

Der Sieg der Demokratie
Erstickt korrumpiert
An ihrer Tatenlosigkeit.

Was Obrigkeiten
Für Wahrheit halten,
Ist oft nur ihre Bubble.

Sehnsucht auf gute Politik
Bleibt seit Jahrhunderten
Unerfüllt.

Ein gutes Herz
Verdirbt im Hexenkessel
Politischer Härten.

Gewaltenteilung
Ist keine Meinung,
Sondern die Heilung
Von der Hierarchie.

Verkauftes Recht

Der Weg der Politik
Sollte geprägt sein
Von einem Streben
Nach Gerechtigkeit.

Aber viele Politiker
In Demo- und Autokratien
Nutzen ihn nur als Weg
Zur Bereicherung.

Was tut die Welt
Gegen Korruption?
Nicht genug und ihr Preis
Ist wirtschaftliche Rezession.

Wir werden bestohlen
Von denen, die wir wählen
Und die Diebe haben
Die Macht über ihr Strafmaß.

Wir brauchen eine neue
Welt, in der die Politik
Sich endlich an ihre
Eigenen Standards hält.

Neue Leute

Wozu brauchen wir die Politik,
Wenn sie sich nur um sich
Selbst kümmert?

Die Welt wäre ein Wunderland,
Wenn die Machthaber sich
Ums Volk kümmern würden,
Statt nur um sich selbst.

Wir kennen die Nachrichten.
Wir kennen die Katastrophen
Und wir wissen, wie nah wir
Wieder mal am Abgrund stehen.

Was ist, wenn der Egoismus
Der Politiker der einzige Grund
Ist, warum wir uns im Kreis
Der Dramen drehen?

Bessere Politiker braucht
Das Land und bisher schlagen
Sich die Politikerinnen nicht
Besser als die Männer.

Neue Politiker braucht
Das Land. Vielleicht warten wir
Auf dich, falls du nicht
Ein weiterer Egoist bist.

Der Preis

Auf die Barrikaden
Mit nackten Brüsten,
Mit wehenden Fahnen
Und dem Freiheitsschwur.

Der Preis der Freiheit
Ist ewige Wachsamkeit.
Wer schläft, wacht
In der Diktatur wieder auf.

Brüder und Schwestern,
Die gemeinsam kämpfen.
Der Traum des Volkes
Frei von königlichen Morden.

Ein Gefängnis fiel
Und der Terror gebiert
Eine Weltbewegung, die alle
Königshäuser wegspült.

Des Blutes Preis ist
Die Chance auf Freiheit.
Wer nicht politisch kämpft,
Landet im Gefängnis
Der Autokratien.

Politische Meisterschaft

Die Macht der Politik
Ist der Sieg über
Die Ungerechtigkeit.

Mit echter Politik
Lässt sich ein stabiler
Frieden realisieren.

Aber die Politik
Braucht dich, sonst
Funktioniert sie nicht.

Freie Politik
Ist ein Spiel
Großer Mächte.

Lerne dieses Spiel
Und werde ein Meister
Der Politik.

Taschen nackter Männer

Die Politik verliert Stück für Stück
Ihr reines Gewissen.
Weiße Westen voll Dreck
Und frischem Blut.

Wir alle träumen
Von Politikern und Politikerinnen,
Die das Gesetz mehr lieben
Als ihre Diäten.

Wir alle können
Uns nicht vorstellen,
Wie viel Geld Autokraten
Über den Parlamenten ausschütten.

Unsere Gesellschaften
Werden kaltgestellt.
Es wird Zeit, dass wir
Deren Inkompetenz bloßstellen.

Saubere Politik.
Ferne Träume einer
Besseren Welt.
Unbestechliche Politik
Wie aus dem Märchenbuch.

Wir wollen Antworten

Das Leben verrinnt
In der Gosse.
Verdammt zu betteln
Oder Flaschen zu sammeln.
Die Politik hat keine Antworten.

Pflegeeinrichtungen
Kollabieren. Das Land steht
Am Abgrund und Kinder
Will keiner mehr bekommen.
Die Politik hat keine Antworten.

Krieg in der Ukraine.
Tausend Jahre Krieg
Im Nahen Osten, und die Blöcke
Und der eiserne Vorhang sind zurück.
Die Politik hat keine Antworten.

Klimawandel.
Wasserknappheit im Winter
Im Süden Europas. Bäume sterben
Im Sommer und wir schwitzen.
Die Politik hat keine Antworten.

Und hat die Politik Antworten
Gibt es immer noch genug Politiker,
Die sich kaufen lassen, um zu verhindern,
Dass die Politik das Problem löst.

Zeitenwende

Wir sind wieder hier
In der ewigen Spirale
Aus Boom und Crash.

Diesmal ist der kalte Krieg
Heißer als jemals zuvor.
Die freie Welt ist zwar größer,
Aber die Roten reicher.

Wir fallen oder steigen.
Es rieselt atomar und
AI frisst unsere digitalen
Identitäten und Geheimnisse.

Auf Messers Schneide
Steht alles zur Disposition.
In dieser neuen Weise
Könnte es wirklich untergehen.

Wo ist die Bewegung,
Die mental stark genug ist,
Alle Probleme zu lösen?

Diätenerhöhung

Diäten
Sind monetäre Knete,
Um ein Land zu bewegen.

Fette Börse
Ohne Flöhe.
Digitale Ströme.

Unser Land
Am Abhang
Der neuen Zeit.

KI Evolution
Oder rote digitale
Revolution?

Kämpfen,
Um Menschen
Zu retten.

Innere Stärke
Ist der Wert.
Begehrt.

Geldwelt
Brennend zerfällt.
Tugend erhebt.

Irgendwann mal

Das Leben ist nicht
So, wie es ist, weil es ist,
Wie es ist.
Kräfte formten es.
Das gilt in der Natur,
Selbst im Universum
Und es gilt für uns.

Politik ist die Kraft,
Die unsere Welt macht.
Politik hat die Macht,
Unsere Welt zu gestalten.
Politik ist stark genug,
Alle zu beeinflussen.

Weil Politik handelte,
Hat sie das Heute erschaffen.
Weil Politik es erkämpfte,
Können wir heute entspannen.
Weil Politik siegte,
Haben wir heute Frieden.

Unsere Welt und
Wir mit unserem Leben
Sind bedingt durch die Politik.
Was wäre da logischer,
Als mitzumischen?

Politische Sieger

Der politische Kampf
Findet nicht Mann gegen Mann
Oder in der Phalanx statt.
Der politische Kampf
Hat seine eigenen Gesetze.
Sie zu kennen, ist die Basis
Aller politischen Siege.

Sieger werden nicht geboren.
Sie werden geschmiedet
In langen Jahren des Erfahrens.

Sieger fallen nicht vom Himmel.
Sie schmieden sich im Chaos
Und im unübersichtlichen Gewimmel.

Sieger haben kein Talent.
Sie haben erkannt, dass es harte
Arbeit ist, die zum Sieg führt.

Sieger gewinnen nicht immer.
Sie sind die, die nach Niederlagen
Aufstehen und weitergehen.

Taten über Worte

Die Wahrheit der Reden
In den Parlamenten zeigt sich
An den Taten, die ihnen folgen.

Wie viel heiße Luft
Durch die Parlamente fliegt,
Wissen wir zur Genüge.

Versprechen, die sie
Brechen wie das Brot
Mit den Lobbyisten.

Wir wollen den Wandel,
Die Reform und die Investition,
Aber Politiker reden nur.

Was sie sagen, darf gern
Zu ihren Taten werden und
Nicht verpuffen wie Knallfrösche
Zu Silvester. Wir vertrauen ihnen.
Es wird Zeit, dass sie dem gerecht werden.

So und nicht anders

Immer neu.
Immer anders.
Immer unerwartet.
Das ist Politik.

Manche sind gerecht.
Manche sind ehrlich.
Manche sind korrupt.
Das sind PolitikerInnen.

Das ist Politik.
So soll sie sein.
Aber nur so, wie sie ist,
Ist sie.

Alle sagen: Bessere Politik
Bringt eine bessere Welt.
Aber zu wenige
Leisten ihren Beitrag.

Es ist ein Spiel.
Es ist ein Risiko.
Es ist ein Abenteuer.
Unser Parlament.

Verordnungen und Gesetze

Wilde Wunder.
Speaker corner.

Zapperlapp
Im Bundestag.

White House.
Und tausend Gates.

Brüssel kesseln
Und Straßburg nesteln.

Blaue Helme.
Korrupte Hände.

Spenden senden.
Terroristen finanzieren.

Wenig Sinn,
Aber unabdingbar.

Rambazamba
Im Politalltag.

Immer besser!

Eine bessere Politik
Ist der Wunsch
Jedes Mannes und jeder Frau
Unseres Landes.

Eine bessere Politik,
Die die Kinder des Volkes
Sieht und sich für
Sie verbiegt.

Eine bessere Politik
Für die Kinder, damit
Sie gute Gedankenbilder
Erlernen.

Eine bessere Politik
Auch für die Natur
Und die Tiere, die zu
Uns gehören.

Eine bessere Politik
Wäre nett und eigentlich
Bestehen wir darauf. Schließlich
Zahlen wir Steuern!

Gibt es gerechte Kriege?

Friedenspolitik
Oder Politik für den Krieg?

Die Autokratie wählt
Häufig den Krieg,
Während er in Demokratien
Eher selten ist.

Aber gibt es
Einen gerechten Krieg
Oder die Notwendigkeit,
In ihn zu ziehen?

Wo Menschen in Massen
Ermordet werden,
Kann man nicht schweigen,
Man muss etwas tun.

In Wahrheit ist es nicht leicht,
Sich richtig zu entscheiden.
Aber Appeasement ist gefährlich,
Beweist die Geschichte und
Trotzdem müssen alle weise
Ihre Entscheidungen abwägen.

Diäten zum Abnehmen

Politik siegt.
Wenn sie ehrlich ist
Oder sie verliert,
Wenn sie uns betrügt.

Geht man in die Politik,
Um etwas zu bewegen
Oder um Diäten zu verdienen?

Ich meine, deren Geld
Ist quasi krisensicher,
Während das Volk
Jedem globalen Gewitter
Ungeschützt ausgeliefert ist.

Für die Menschen kämpfen
Oder die Diät genießen;
Vor dieser Wahl stehen
Alle PolitikerInnen.

Was denkst du,
Wer es für uns alle
Und wer nur für sein Portemonnaie tut?

Stoppt es!

Wir malen Schilder
Und obwohl es schüttet
Wie aus Eimern,
Werden wir
Auf die Straße gehen.

Es ist genug!
Es reicht.
Es geht einfach zu weit.
Es kann nicht so weitergehen.

Das Land am Abgrund.
Die Wirtschaft kollabiert.
Wir sind dabei im globalen
Maßstab abzuschmieren.

Sie sind schuld.
Sie haben es vermasselt.
Sie sollen gehen.
Wir wollen neu wählen.

Es muss gehen.
Es muss gelingen.
Wenn wir zusammenhalten,
Können wir Neuwahlen erzwingen!

Verpflichtet

Trauen wir uns,
Aufzustehen und einzustehen
Für unsere Rechte.

Wir sind keine Knechte
Und keine Mägde mehr.
Wir sind freie Menschen!

Jahrhundertelang mussten
Unsere Vorfahren gegen die Kirche
Und für unsere Freiheit kämpfen.

Im Namen Jesu
Waren wir tausend Jahre
Unfreie Leibeigene.

Der Tag ist da
Und du bist gefragt,
Auch aufzustehen.

Diese Pflicht erfüllt
Niemand für dich:
Also steh auf!

Meinungsgefängnisse

Legitime Kritik
Wird nicht mehr
Gern gehört.

Die Gräben
Sind tief und
Mentalen Mauern wachsen.

Die Waffen
Der Meinungen dienen
Heute zum Einschüchtern.

Der offene Diskurs
Scheint vielfach
Aufgelöst.

Manche sagen,
Corona ist schuld,
Aber Impfen heilte uns.

Dennoch steht
Zweifelsfrei fest,
Dass seit diesen Tagen
Der öffentliche Diskurs
Ein anderer ist.

Alte Flaschen

Immer schneller.
Immer reicher.
Immer kaputter.

Unser Land zerreißt
An falschen Idealen
Und einer blinden Politik.

Saht ihr die Alten,
Die nachts durch die Straßen gezogen sind,
Um Flaschen zu sammeln,
Weil ihre Rente nicht zum
Würdigen Leben reichte?

Ich sah diese Alte
Lange vor Corona, Krieg und Inflation
Und so wie heute war es der Politik
Egal und sie wollte das Elend nicht sehen.

Damals war es eine Frau.
Heute regiert ein Mann.
Damals wurde bewiesen,
Die deutsche Michaela
Steht dem deutschen Michel
In nichts nach, aber es lässt die Frage
Offen, wann wir etwas gegen
Das Elend tun?

Geld ist Politik

Diktatur auf weiter Flur
Und deutsche Touristen,
Die hingehen und das Unrecht
Mit ihren Devisen legitimieren.

Was wir tun, wirkt sich auf
So viele Dinge aus.
Das ist der Moment,
Wenn Politik beginnt
Und ihr folgt die Erkenntnis,
Dass jede Handlung
Politisch ist, ob wir das wollen
Oder nicht.

Jeder Cent, den wir ausgeben,
Trägt unsere politische Meinung.
Jedes Produkt, das wir kaufen
Können, ist unter bestimmten
Politischen Bedingungen entstanden,
Die wir mitkaufen, wenn wir es kaufen.

Kaufst du Produkte eines
Demokratischen Rechtsstaats
Mit all seinen Unzulänglichkeiten
Oder kaufst du das Produkt einer
Autokratie, in der Menschen
Gefoltert, Frauen in Zwangsehen
Gesteckt und jede Opposition
Brutal unterdrückt wird?

Ehrlich!

Politik lügt
Oder tut sie
Das nicht?

Viele Menschen
Verlieren ihren Glauben
In die Politik.

Viele sind
Enttäuscht und
Desillusioniert.

Wir wollen
Glauben und
Ihnen vertrauen.

Aber wir
Wollen nicht weiter
Auf die Nase fallen

Also strengt euch
An und schafft
Etwas.

Nicht die
Niederlage stört uns,
Aber wenn ihr uns
Ins Gesicht lügt!

Inkompetente Parlamente

Die politische Dimension
Wird immer mehr zum Shitstorm.
Trägheit, Faulheit und inkompetente
Unfähigkeit gewinnen.

Fähige Politikerinnen
Sind rar wie Wasser in der Wüste.
Fleißige Politiker scheinen
Eine seltene Kuriosität.

Ist es so schwer oder
Warum tun sie sich so schwer,
Probleme so zu lösen,
Dass sie der Wähler Leben verbessern?

Unfähigkeit hat einen Preis.
Derzeit bezahlen wir viele Zinsen
Für die Inkompetenz der Politik
Und ihre zahlreichen Fehler.

Noch kommen wir damit durch,
Aber am Horizont zieht ein Sturm
Auf und für den brauchen wir
Jedes Quantum Potenzial.

Fake

Hautfarben tragen Botschaften
In einer dummen Welt.
Herzen reden in einer Welt,
Für die es sich zu leben lohnt.

Wir sind so oberflächlich
Und die Politik auch.
Ein Dummkopf mit blonder Tolle
Im Weißen Haus.

Wahlen, die keine sind
Und eine Demokratie, die nach
Den Peitschenhieben der
Pädophilenkirche springt.

Verlorene Welt aus reiner
Und grenzenloser Idiotie.
Wir gewinnen nie und nimmer,
Solange wir nicht nachdenken.

Politik verliert korrumpiert
Und ruiniert unser Volk.
Ehrliche Herzen schmerzen
In einer verlogenen Fake-Welt.

Blinde

Fähig sein zu sehen,
Bevor es wird geschehen,
Sollte Politik verstehen,
Wollen sie unser Volk
Gut führen.

Die Letzten waren blind.
Wir bezahlen mit Krieg,
Inflation und Instabilität.
Wir fallen und sie bezahlen
Die halbe Welt, während
Die Bauern und Betriebe
Bei uns zugrunde gehen.

Für das Volk.
Mit dem Geld des Volkes.
Sollte da nicht unser Volk
Im Zentrum stehen?

Aber wir kollabieren
In ihren Gehirnen,
Während sie sich mit Champagner
Beim Presseball amüsieren.

Französische Verhältnisse

Die Schlangen an den Tafeln,
Wo sie Essen für die Armen
Ausgeben, sind so lang,
Dass es zum ersten Mal
Nicht mehr für alle reicht.

Wir sind am Limit.
Wir sind überlastet.
Wir sind am Ende,
Wenn nicht bald die Wende
In der Sozialpolitik folgt.

Kaum einer kriegt noch Kinder,
Weil alle das Gefühl haben,
Dass die Politik nichts auf
Junge Eltern gibt und ihr einziger Weg
Gegen den demographischen Kollaps darin besteht,
Überproportional viele Antidemokraten
Aus dem Ausland bei uns anzusiedeln.

Wie fern ist ein Aufstand der Vergessenen,
Die nicht mehr haben, als die Menschen,
Die die Bastille stürmten?
Sie wollen, dass wir Kuchen essen,
Weil das Brot zu teuer ist.

Mehr Meer

Viele bestimmen
Über die Wenigen,
Glauben die Diskriminierten.
Aber selbst in den alten Demokratien
Sind es nur wenige,
Die über die anderen regieren.

Die Mehrheit ist auch dort
Nur ein leeres Wort,
Das von einigen Eliten
Ausgefüllt wird.

Ihnen gehören die Ressourcen,
Um sich wählen zu lassen.
Sie besetzen die Posten,
Um Gesetze zu erlassen.
Ihnen gehört die Macht,
Die Wahlen möglich macht.

Sobald die Mehrheit zählt,
Würde Frieden dauerhaft einkehren.
Denn kein Elternteil will
Seine Kinder im Krieg opfern.
Es sind immer die Wenigen,
Die herrschen, die den Krieg
Anfangen.

Der Kampf beginnt jetzt

Millionen demonstrieren.
Sie marschieren für Frieden
Und doch scheint weltweit
Der Terror zu siegen.

Die Demonstrationen sind
Längst Rückzugsgebiete
Für die Fundamentalisten,
Die weltweit Bombenterror
Über Unschuldige bringen.

Wenn wir den Terror
Hier durchfüttern, wird er
Woanders seine Diktaturen
Stärken oder errichten.

Hier beginnt der Kampf
Gegen den radikalen Islam,
Der überall Bomben zündet
Und kleine Mädchen entführt,
Um sie rituell zu vergewaltigen
Und zu lebenslangen Sexsklavinnen
In der Zwangsehe zu machen.

Steht auf gegen ihren Terror!
Wehrt euch gegen ihre Versuche,
Unsere Demokratien zu untergraben!

Schlechte Führer

Die Welt zerbricht
Und der Kanzler spricht,
Aber er erreicht uns nicht,
Noch rettet er unsere Welt.

Ein Land verdammt
Zu schlechten Führern.
Seit Jahrhunderten sind
Es immer Verlierer,
Die uns führen.

Wir brauchen neue
Männer und Frauen,
Die sich trauen,
Etwas zu bewegen.

Die Zeit ist nicht nur reif,
Es ist die letzte Chance,
Die Katastrophen zu stoppen
Und um wieder in sicheren Gewässern
Zu segeln.

Wo sind die Mutigen
Und Fleißigen, die alles geben,
Um uns aus dem Elend zu führen?

Gut und schlecht

Politiker reden
Und das ist gut.
Aber sie reden,
Ohne zu handeln
Und das ist schlecht.

Politiker versprechen
Und das ist okay.
Aber sie versprechen
Und brechen ihre Versprechen
Und das ist schlecht.

Politiker wecken Hoffnung
Und das ist gut.
Aber sie wecken Hoffnung
Und lassen die Menschen
Dann enttäuscht zurück
Und das ist schlecht.

Politiker predigen
Und das ist akzeptabel.
Aber sie leben nicht
Ihre Predigten entsprechend
Und das ist schlecht,
Denn es führt die Menschen
Auf den falschen Weg.

Kindgerecht

Was Politik ist,
Fragt das Kind?
Das Kümmern um
Sich selbst, antwortet
Der Lehrer.

Wie Politik geht,
Fragt das Kind?
Indem man für sein Recht
Aufsteht, antwortet
Der Lehrer.

Was Politik kann,
Fragt das Kind?
Die Welt umspannen,
Damit sich alle vertragen,
Antwortet der Lehrer.

Was Politik braucht,
Fragt das Kind?
Reife Menschen mit
Guten Herzen, antwortet
Der Lehrer.

Warum Politik nicht besser ist,
Fragt das Kind?
Der Lehrer lacht, dann gesteht er,
Dass Politik nur so gut ist,
Wie die Menschen,
Die Politik machen.

Netz der Korruption

Wut gärt.
Mut wächst.
Das System schwächelt
Und die Feinde der Demokratie
Hecheln nach unserem Land.

Zu viele Korruptionsskandale
Jagen durch die Nachrichten
Und wir wissen, sie sind nur
Die Spitze des Eisbergs.

Reiche Scheichs kaufen sich Recht
Wider das Recht unseres Volkes.
Sie schmieren Politiker
Und schüchtern Kritiker ein.

Weiter wächst unsere Wut
Und mit ihr gärt neuer Mut.
Wenn wir jetzt nicht kämpfen,
Werden unsere Kinder abgestempelt
Zu entmachteten Volksmitgliedern,
Die man wieder und wieder niedermacht.

Für unser Land und unser Volk.
Für unsere Kinder und ihre Zukunft.
Blast das Horn. Schlagt die Trommeln.
Die Scheichs säten Wind,
Wir sind der Sturm, der kommt.

Ehrlichkeit

Männer und Frauen
Und was weiß ich,
Am Ende zählt das nicht,
Sondern nur wie ehrlich
Wir mit uns sind.

Politik ist ein Geschäft
Geworden, aber sie sollte
Die Pflicht jedes Menschen sein.

Der Politik haftet der Ruf
An, von der Bevölkerung
Entrückt, statt ein Teil
Von ihr zu sein.

Politik ist zu oft korrupt
Und verkauft sich und
Alle Werte wie Freiheit,
Frieden und Demokratie.

Politik könnte uns retten,
Aber dafür muss Politik
Endlich absolut ehrlich werden.

Jahrzehnte

Immer politisch sein,
Fragt das faule Menschlein
Und ehe es sich versieht,
Ist wieder Krieg und sie
Ziehen es ein,
Um an der Front zu fallen.

Immer für den Frieden kämpfen
Und für die Menschenrechte
Und dann wundern sie sich,
Dass seit siebzig Jahren
Frieden und Wohlstand ist.

Politik braucht Zeit.
Sie wirkt nicht über Nacht.
Der Frieden Europas
Wurde vor Jahrzehnten geschmiedet
Und als der Krieg zurückkam,
Mussten wir uns eingestehen,
Dass wir Jahrzehnte lang
Geschlafen haben und nun
Müssen wir die harte Frucht tragen.

Weil sie

Wir sind der Morgen
Eines neuen Zeitalters.
Unsere Taten ebnen den Weg
Für viele Generationen.

Wir können chillen oder
Etwas Gutes tun.
Beides geht nicht. Wer
Nichts tut, tut auch nichts Gutes.

Gehen wir in die Politik
Und kämpfen wir für das Recht
Jedes Menschen auf Frieden,
Wohlstand und Glück.

Heute haben wir mehr,
Als sie sich früher
Vorstellen konnten.
Warum haben wir mehr?

Weil Menschen politisch
Aktiv waren und kämpften
Gegen Tyrannis und Diktatur
Und für gleiche Demokratie.

Weil Menschen politisch
Fleißig waren, anstatt sich
Nur zu laben an teuren Gaben
Und Luxusprodukten.

Privilegiert

Wir leben in vollen Zügen
Und zerstören den Planeten.
Wir tanzen im Regen,
Während woanders Raketen
Niedergehen.

Wir sind die Glücklichen
In einer verdammten Welt.
Wir sind die Privilegierten,
Geführt von Geld.

Die Welt verliert
Täglich unschuldige Babys.
Die Menschen fressen
Die Natur leer.

Das, was wir könnten,
Wäre Politik zu machen,
Um alles besser zu machen,
Aber wir gucken fern.

Wir hätten die Macht,
Etwas zu bewegen.
Wir könnten unsere Stimme erheben
Für die Unschuldigen und Entrechteten.

politisches Versagen

Wenn die Politik verliert
Und der Krieg zurückkehrt.

Jahrzehnte war unser Kontinent
Ein Ort des Friedens.
Fast alle glaubten, der Krieg
Würde nie zurückkehren.

Auch ich habe das gehofft
Und wollte es glauben.
Ihr doch auch! Hab ich recht?

Die Politik versagte auf selten
Dagewesene Weise und wir
Verloren mehr, als wir wollten.

Zeitenwende. Waffenlieferungen.
Kriegswirtschaft und Verteidigungspakt
Sind die neuen Slogans.

Doch eigentlich wollen wir alle
Nur zurück in das bisschen Stabilität
Und ich glaube, selbst die Angreifer
Wünschen sich das, auch wenn sie
Es nicht zugeben. Denn eigentlich
Wollen wir uns alle nur gern haben
Im sozialen Frieden.

Brückenbauer*

Die Welt aus den Augen
Eines Herrschers ist anders,
Als die Welt aus den Augen
Eines Bettlers am Rand der Gesellschaft.
Dennoch ist es ein und dieselbe Welt.

Was unterscheidet die Schichten,
Milieus und Klassen?
Was machte Kasten
Und bildete Rassen, die sich hassen?

Die Welt wirkt wie ein Puzzle.
Setzen wir alle Teile zusammen,
Sehen wir das große Bild und
Vielleicht brauchen wir das,
Um die Gemeinsamkeiten zu sehen.

Dass uns etwas verbindet,
Weiß jeder selbstverständlich.
Aber Wissen ist ein Hirngespinst,
Dass zu oft vor der Realität flieht.
Dennoch müssen wir Brücken bauen,
Bis das Vertrauen ausreicht,
Um eine bessere Welt zu erschaffen.

Moment des Erwachens

Das Ende.
Der Weltkrieg.
Staub aus Knochen
Und Reste von Haut.

Die Politik hatte versagt.
Diplomatie irrte
Auf falschen Wegen.

Haben wir dazugelernt
Oder werden wir wieder ernten
Die Früchte unseres Versagens?

Der Kalte Krieg kehrt zurück
Und mit ihm wüste
Atomdrohungen.

Die Diktaturen sprießen
Und Autokraten genießen
Weltweit mehr und mehr Siege.
Ihr Ansehen wächst mit der Größe
Ihres Portemonnaies.
Denn mehr und mehr Staaten
Scheitern und brauchen reiche
Wegbegleiter, denen sie sich gern
Vollkommen ausliefern,
Wenn sie dafür den Hunger stoppen.

Wir im privilegierten Teil
Der Welt haben jahrzehntelang
Besser als neuzeitliche Könige gelebt
Und dabei sind wir blind und faul
Geworden. Aber die Diktatoren
Schliefen nicht und sichern
Ihren Einfluss in immer mehr Gebieten.

Frieden!

Freiheit, Gleichheit,
Brüderlichkeit, kein Platz
Für Weiblichkeit und
Die Revolution fraß ihre Kinder.

Frieden ist das Ziel.
Frieden ist der Weg.
Frieden ist der einzige Traum,
Auf den es sich lohnt aufzubauen.

Aber wie umgehen mit denen,
Die uns Frieden, Freiheit und
Gleichheit mit Gewalt nehmen
Wollen und keine Opfer schonen?

Wie umgehen mit Faschos,
Sozialisten und muslimischen
Bombengürtelträgern?
Sie ärgern uns nicht nur,
Sie wollen alle umbringen,
Die nicht ihre Lieder singen
Oder ihre Bücher anbeten wollen.

Frieden und wenn wir ihn
Erkämpfen müssen: Frieden!

Politische Systeme

Wir hassten uns,
Weil unsere Systeme
Sich hassten, aber
Eigentlich sind wir alle Menschen,
Nur unsere Systeme wollen,
Dass wir gegeneinander kämpfen.

Hass gemacht in einer Form,
Die normt und ordnet.
Systeme des Faschismus,
Kommunismus und Fundamentalismus
Können nur überleben,
Wenn sie im großen Stil
Hass säen.

Nur wenn wir uns hassen,
Können diese Systeme wachsen.
Nur wenn wir uns misstrauen,
Können sie ihre Lager aufbauen.
Nur wenn wir blind folgen,
Können sie Macht ausüben.

Das System der Liebe vereint.
Es sollte das einzige politische System
Der ganzen Erde sein!

Frühling und März

Eine bessere Welt mit Geld
Aber ohne Statusdünkel.
Minimale Hierarchie
Garantiert echten Frieden.

Ferne Länder strahlen
Mit brutalen Raketenwerfern
Und deren Scheichs und Herrscher
Drohen uns zu zerschmettern.

Hier und dort:
Ein paradiesischer Wohnort
Oder der Kampf mit der Inflation und
Ein Date mit der eisernen Jungfrau.

Das Ende der Sklaverei
Ist noch sehr weit entfernt.
Der Tag, an dem alle Menschen
Frei sind, bleibt ein Hirngespinst.

Wieder nur ich
Und der Kieselstein.
Wieder nur ein Schmetterling,
Der einen politischen Orkan auslöst.

Massenproteste enden
In Massenprozessen und
Vollen Zellen mit weinenden
Zum Tode Verurteilten.

Unverbunden

Das Spiel der Politik
Ist ein politisches Spiel,
Dem es an Ernsthaftigkeit fehlt
Und das sich zu leicht korrumpiert.

Die Seriosität
Steht auf der Kippe
Und die Glaubwürdigkeit
Scheint verspielt.

Die Tage des Systems
Könnten enden.
Die Zeit neuer Bürgerkriege
Unerwartet beginnen.

Wende oder Ende;
Reform oder Revolution?
Der Hohn der Parlamente
Über das Volk im letzten Hemde.

Die Armut greift um sich
Und zerbricht den Glauben
An das politische System
Einer entrückten Politikerkaste.

Millionen Wahlplakate

Aller Tage wieder
Hängen die Wahlplakate,
An die sich kein Politiker
Nach der Wahl erinnert.

Würden sie nur
Die Wahrheit sprechen.
Wir könnten in null Komma nix
Die Welt retten.

Ist es eine Lüge
Oder zugleich Selbstbetrug?
Glauben sie sich selbst
Oder sind sie nur überfordert?

Was wäre die Welt schön,
Würde die Politik wahr sprechen.
Was wären wir ein glückliches Land,
Würde sie sich an Zusagen halten.

Leider gibt es keine Garantie,
Dass sie halten, was sie versprechen.
Leider ist es zu leicht,
Das Volk für dumm zu verkaufen.

Frei, gleich, geheim

An Kreuzungen wählen
Und nicht zurücksehen.
Was bleibt, wenn die Wahl getroffen,
Als hoffen und alles geben.

Die Welt besteht
Aus einer ewigen Wahl.
So ist auch die Urne
Eine Art Schatztruhe.

Echte Wahlen sind ein Wunder
Und das Zeichen einer gesunden
Gesellschaft. Echte Wahlen sind
Wirklich frei, gleich und geheim.

Gleiche Wahlen sind selten
Und sicher gelten keine als gleich,
In denen es Könige gibt,
Selbst wenn sie frei und geheim sind,
Sind sie ungerecht.

Die freie Wahl zu wählen
Und geheim seine Stimme abzugeben
Und das unter wirklich Gleichen,
Ist eines der größten politischen
Wunder der Menschheitsgeschichte.

Volatilität

Verkaufte Welten,
Die nichts mehr gelten
Und Bevölkerungen,
Die den Glauben verlieren.

Autokratien starten durch,
Weil demokratische Politiker
Immer korrupter werden.

Nackte Realität.
Knallharte Wahrheit.
Zerplatzte Träume.
Zwischenräume
In einem Zelt am Straßenrand.

Desillusion
Ergreift auch
Die erste Welt.

Volatilität wird die Realität
Für die Reste der Mittelschicht.
Nichts ist mehr sicher.
Kein Stein steht fest.
Der Wind flüstert ein
Dunkles Gedicht.

Ismen

Geld hält
Zusammen oder zerreißt
Zusammengeschweißtes.

Politik flickt
Unsere Gesellschaften oder
Entfacht einen Krieg.

Macht erschafft
Heilsame politische Kraft
Oder sie verdammt.

Der Fluch des Extremismus
Ist wie jeder Ismus
Nur Narzissmus.

Selbst die Hausratte
Schläft bei der Debatte
Ein. Wann schaffen es PolitikerInnen,
Uns endlich wieder
Zu begeistern?

Geld regiert die ...

Der Fluss des Geldes
Ist der Weg der Macht.
Er spült alles weg,
Was sich ihm entgegenstellt.

Menschen kämpfen
Gegen unsichtbare Mächte,
Die ganze Staaten
In die Knie zwingen.

Geld ist Macht
Und sie macht Frieden
Und Krieg, wenn es
Ernsthaft beliebt.

Der Weg des Kapitals
Führt von Stahl und Öl
Zu Chips und Internet
Und am Ende zu Fintech.

All das Geld könnte
Gerechtigkeit schaffen,
Aber davon können wir
Derzeit nur träumen.

Unser Lohn

Hat diese Welt
Eine bessere Politik
Verdient?

Alle schreien ja!
Aber ist das wahr?

Seht uns an und
Schaut, was wir getan!
Seht die Kriege, die Sklaverei
Und die Ausbeuterei,
Die bis heute anhält.

Was haben wir verdient
Außer Bestrafung und Krieg?

Aber die Kinder von Morgen
Sollen leben ohne Sorgen!
Sie sind unschuldig geboren
Und sie sollen lachen und tanzen.
Deshalb müssen wir
Eine bessere Politik machen!

Gleich

Das Spiel um die Herrschaft
Über die Welt.
Nach dem letzten Weltkrieg
Gehörte den Amis die Krone.
Trotz aller Kriege und Krisen,
Es war die stabilste Zeit seit
Vier Jahrhunderten.

Trump zerstörte die Vormacht
Der Amerikaner, indem
Er sie lächerlich machte.
Seitdem kämpfen
Leyen, Xi und Putin
Um diese Krone.

Stellt euch eine Welt
Ohne Krone vor.
Stellt euch vor,
Wir begegnen uns alle
Auf Augenhöhe.

Stellt euch vor
Hierarchie ist ein
Überholtes Relikt und
Alle Kriege, die aus der Idee
Der Hierarchie entstanden,
Entstehen nicht mehr.

Wir wären verdammt na dran
Am Weltfrieden!

Für sie

Für unsere Kinder
Raffen wir uns auf
Und strengen uns
In den Parlamenten an.

Mein Baby wird zum Grund
Für mein neues Leben.
Der demokratische Bund
Kann uns alles geben.

Für sie sich mit
Den Kriegstreibern streiten.
Für sie den Umweltverschmutzern
Die Stirn bieten.

Sie erben, was wir
Heute säen.
Sie werden sich auch
Den Gegnern stellen müssen.

Ob die Feinde der Demokratie
Im Morgenland siegen und
Alle unterjochen und knechten,
Hängt von dem ab,
Was wir heute tun.

Mütterchen Russland

Ein bisschen Wahlbetrug
Ist ihnen nicht genug.
Es muss gleich die
Ganz große Nummer sein.

Jeder soll ihre Macht sehen,
Um sich zweimal zu überlegen,
Ob er gegen ihr Regime
Widerstand leisten will.

Die Macht macht,
Was sie will.
Sie kennt keine Rücksicht
Oder Selbstreflexion.

Er gibt sich selbst
Neunzig Prozent.
Er hortet all das Geld,
Dass er dem Volk gestohlen.

Er führt Krieg
Im Namen des Friedens
Und die Menschen dürfen
Es nicht mal Krieg nennen.

Wer sich wehrt oder
Sogar aufbegehrt,
Wird eingesperrt oder
Nach Sibirien gebracht,
Wo er weit weg von zuhause
Sterben darf.

Der Wahrheit der Gerechtigkeit

Treue Freunde
In der Politik gibt
Es nur in der Demokratie.

Autokratien betrügen
Jeden und stehlen
Den Seelenfrieden.

Ihre Lügen kriechen
Um die Welt und setzen
Sich wie Parasiten fest.

Sie vergiften
Die Atmosphäre in
Unseren Zivilgesellschaften.

Die Macht der Lüge
Beinhaltet die Macht, das freie
Politische Leben zu stürzen.

Die letzte Chance

Steht die Welt am Abgrund
Wegen der Bösartigkeit
Der Despoten und Könige
Oder wegen der Idiotie
In den Demokratien?

Wir sind verdummt
Und wir verdummen weiter.
Keiner mit gesundem Menschenverstand
Kann das noch bezweifeln.

Dumme sind die,
Die Dummes tun.
Derzeit vergessen wir,
Wie schwer Gleichheit vorm Gesetz
Und Wahlfreiheit zu erlangen war.
Aber vergessen wir,
Dann verlieren wir und
Möglicherweise verlieren wir
Alles, was derzeit noch gut ist.

Ist es zu spät, um aufzustehen
Für Demokratie und Gerechtigkeit
Oder ist es die letzte Chance
Es zu tun, damit wir und die Demokratie
Nicht untergehen?

Neue Welt

Ferne Gestade
In der neuen Welt.
Ein Hauch des Traums
Von Freiheit weht durch
Das alte Europa.

Ferne Weiten
In den mittleren Weiten
Des Mittleren Westens.

Ein Leuchtturm
Der Demokratie, wie es vorher
Keinen gegeben.

Ein Symbol
Der Demokratie, wie es kein
Stärkeres auf Erden gibt.

Ein Erfolgsmodell
Der Demokratie, wie es kein
Größeres in der Geschichte
Der Menschheit gibt.

Klar hat die Demokratie dort
Auch Fehler, denn fehlerfreies gibt
Es nicht, aber im Gegensatz zu
Monarchie, Sozialismus und
Gottesstaat ist sie perfekt!

Höchste Freiheit

Der Wert der Freiheit
Ist unbezahlbar.
Warum verkaufen wir
Uns dann an Diktaturen
Und laufen ernsthaft Gefahr,
Selbst wieder unterjocht
Zu werden?

Die Freiheit
Ist ein politisches Gut,
Dass allen Menschen
Gut tut.

Denn wer frei ist,
Kann seine Kräfte frei entfalten
Und seinem Beitrag für eine bessere
Welt leisten.

Der größte Wert der Freiheit
Ist, dass sie die Wahrheit
Nicht verbiegt, wie es unfreie
Staaten immer tun, um ihre
Despoten am Ruder zu halten.

Freiheit ist frei.
Freiheit macht frei.
Frei soll die
Ganze Menschheit sein!

Blindes System

Kleine Siege,
Um das herzlose Getriebe
Eines politischen Systems
Zu stoppen, welches die Menschen
Nicht sieht.

Blind für das Kind
Tobt der Rektor und
Verbindet politische Maximen
Mit seiner schlechten Pädagogik.

Qualen in Zahlen
Gibt es bei geschönten Statistiken
Nicht, alles wirkt, als ob
Alles super ist.

Jenseits des Systems
Lebt das einzelne Wesen
Sein Leben und wird übersehen
Oder zu einer Zahl reduziert.

Die Antwort auf die Größe
Ist die Politik der Liebe.
Mit offenen Augen zu sehen,
Lässt einen wirklich verstehen.
Mit dem Herzen zu politisieren,
Wird Probleme nachhaltig lösen.

Ein Volk

Streiten. Streiten.
Und sich niemals einigen,
Kann uns als Volk
Nicht vorwärts bringen.

Einigen. Einigen.
Und dem Feind
Nicht das Gefühl geben,
Dass wir zerreißen.

Der mächtige Feind
Ist Rot und Braun
Und glaubt an Bücher,
Statt an Menschenrechte.

Vereinen. Vereinen.
Und dem Feind
Die Stirn unseres stolzen,
Freien Volkes zeigen.

Ein gesunder Bund
Volkischer Identität,
Der Fairness und Freiheit
In allen Bereichen lebt.

Heilige Stufen

Demokratie siegt,
Wenn der Krieg verliert.
Aber siegt der Krieg,
Fällt die Demokratie.

Politische Stabilität
Ist kein Glücksspiel.
Aber es ist ein großes Glück,
Wenn die Politik stabil ist.

Freie Wahlen heilen
Die Dummheit alter Zeiten.
Aber die Dummheit alter Zeiten
Kann Wähler vertreiben.

Das Licht des Friedens brennt
Im guten Parlament.
Aber wenn das Parlament brennt,
Brennt auch der Frieden lichterloh.

Wer wirklich diskutiert,
Wird mit Logik gewinnen.
Aber wer die Logik erstickt,
Zerstört echte Diskussionen
Und macht Platz für die Macht
Blinden Glaubens und zerstört
Das Vertrauen in die Politik.

Wirtschaftspolitik

Armut schleicht.
Der Mittelstand weicht,
Aber der Glaube ans Reich
Kehrt zurück.

Im Eiltempo
Sind wir ein Jahrhundert
Zurückgefallen.

Im Rekordtempo
Werden unserer Werte
Verraten.

In Zeitlupe
Reagieren wir auf
Die Zeitenwende.

Wie verschlafen,
Steht das Land den
Innovationen gegenüber.

Aufschwung, Rezession,
Depression, Stagflation.
Wo stehen wir?

Gute und schlechte Politik

Ist die Politik schlecht,
Wird die Welt schlecht.
Ist die Politik gut,
Wird die Welt gut.
Wie ist unsere Welt?

Sie ist gemischt.
Denn es gibt gute
Und schlechte Politik.

Es gibt die Autokraten,
Faschisten und Kommunisten,
Nicht zu vergessen: die Fundamentalisten.

Und dann gibt es die Ehrlichen,
Die wirklich Gutes tun wollen
Und die alles geben für die Menschen
Und für ein besseres Leben.

Leider sieht man niemandem
Von außen an, wozu er gehört und
Auch in den freien Demokratien
Gibt es Korrupte und Herzlose.

Was bleibt, ist der Bedarf
An besserer Politik.

Die Glocke klingt

Offene Tore schließen sich.
Der eiserne Vorhang ist zurück.
Blöcke hassen sich wieder.
Wie lange dauert es diesmal?

Weil unsere Diplomatie
So unfähig ist, den Krieg
Und den Streit zu befrieden,
Müssen sich ganze
Erdteile hassen.

Wir müssen lernen,
Uns zu versöhnen.
Wir müssen lernen,
Uns die Hände zu reichen.
Wir müssen lernen,
Über dem Schmerz zu stehen,
Um die Zukunft der Erde und
Der Kinder von Morgen zu sichern.

Geschlossene Tore
Können sich wieder öffnen.
Verletzte Herzen
Sich wieder verbinden.
Ein Handschlag kann das Zeitalter
Eines neuen Friedens einläuten.

Siegende Macht

Politik siegt,
Wenn sie ehrlich ist.

Derzeit verlieren wir
Mehr als jemals zuvor
In den letzten siebzig Jahren.

Belügt Politik sich selbst
Oder betrügt sie uns
Oder liegt die Wahrheit
Irgendwo in der Mitte?

Politik hat die Macht,
Frieden und Gerechtigkeit
Zu schaffen.

Derzeit wachsen die Kriege
Und es wächst die ungerechte
Ungleichheit.

Versagt Politik oder
Wollen sie versagen, weil die,
Die sie schmieren,
Es so wollen?

Briefumschläge

Wenn Lobbyisten
Unsere Demokratie ausnutzen
Und die, die die Demokratie
Beschützen sollen, davon
Am meisten profitieren.

Wenn unsere Freiheit
Einem Politiker weniger Wert ist,
Als ein Briefumschlag voll Geld
Und er uns dafür verrät.

Wenn Macht erkauft,
Statt gewählt.
Wenn Betrug ein
Ganzes System korrumpiert.

Dann sind alle gefragt
Aufzustehen oder
Unterzugehen!

Geheimversteck

Wo ist die Bewegung,
Die es besser macht?

Wo ist die Generation,
Die endlich aufwacht?

Wo sind die Menschen,
Die ehrlich denken?

Wo ist der Pfad
In eine gerechte Welt?

Solange Politik missversteht, wie es geht, Frieden und
Wohlstand zu schaffen, solange sind wir verdammt,
Angst zu haben. Solange Politik nicht die Augen öffnet,
solange sind wir ein Blatt im Wind, das vom Weltwind
hin und her gepeitscht wird.

Wo ist das Parlament,
Das seine Wähler ernst nimmt?

Irrsinn

Gefangen
Von einem System,
Das menschenverachtend ist.

Leben in
In einer Welt,
Die einer Handvoll gehört.

Atmen
An Tagen der Ausbeutung
Und Zwangsarbeit.

Belogen
Von Politikern,
Die habgierig sind.

Beraubt
Von einem Staatsapparat,
Der einem Parasiten gleicht.

Ausgeliefert
Einer Armee,
Die Gewalt bevorzugt.

Und verloren
In den Weiten
Politischen Kalküls.

Ohne Reue

Treue ohne Reue
Zu einem politischen System.

Welches kann das sein?
Nur eines, in dem alle Macht
Gleich verteilt.

Nur wenn jede:r partizipiert,
Ist es ein gerechtes System.

Die Diktaturen und die
Scheindemokratien, mit ihren
Wahlfälschungen sind nicht
Zu akzeptieren.

Ich will glauben,
Dass es möglich ist.
Ich will vertrauen,
Auch wenn es
Arbeit kostet.

Oikos

Wirtschaft macht
Fast alles.

Wirtschaft kann
Alles erlangen.

Wirtschaft bringt
Dem Kind Gewinn.

Warum haben Politiker
So wenig Kompetenz,
Wenn es ums Wirtschaften geht
Und warum ist das
Der breiten Masse, die ständig
Über ihre wirtschaftliche Situation
Meckert, so egal?

Kompetenz in die Ränge
Der Parlamente!

Können und Wissen,
Damit sollten Politiker
Sich bestücken,
Statt mit Charisma und Demagogik.

Tyrannis

Das Ende der Welt.
Pilze steigen auf.
Heute die Fantasien
Der Despoten, um uns
Zu bedrohen, aber das Wettrüsten
Hört nicht auf.

Vor ein paar Jahren stoppte
Der dumme Wahn,
Bis er zurückkam.

Vor ein paar Jahren
Fuhr eine gute Bahn,
Jetzt droht der Weltkrieg.

Was seither passierte,
Ist kein Geheimnis.
Wir verlieren mit Diplomatie,
Während die Tyrannei
Mit Krieg siegt.

Einige Männer stellen sich den Tyrannen.
Mögen wir uns an ihre Namen
Ewig erinnern und sie nachahmen.

Vertragsverhandlungen

Die Zukunft ist ungeschrieben
Und doch binden uns Verträge.

Verträge vereinen unser Volk
Und sichern uns Gas und Gold
Aus Autokratien.

Verträge verbinden Menschen,
Denn nur der Friedensvertrag
Beendet wirklich das Kämpfen.

Die Politiker verhandeln
Mit knallharter Diplomatie,
Damit weder Armut noch Krieg siegt.

Die Zukunft ist ungeschrieben
Und doch sind es Verträge,
Die uns mit ihr verbinden.

Die Verträge der heutigen Zeit
Werden den Pfad weisen,
Auf dem wir in die Zukunft reisen.

Überlebenskampf

Der Lohn der Korruption
Ist die Armut vieler
Und der Reichtum weniger.

Sie kaufen unsere
Politiker und Politikerinnen
Und kaum jemand
Kann es beweisen,
Aber wir sehen es an der Weise,
Wie sie abstimmen
Wider Vernunft und Logik.

Der Kampf gegen die Korruption
Ist der wahre Überlebenskampf
Unserer glorreichen Demokratie.

Der Kampf für Unbestechlichkeit
Ist der Kampf um Freiheit,
Wahrheit und Gerechtigkeit.

Steht auf!

Steht auf,
Wenn ihr mehr wollt.
Steht auf,
Wenn ihr Frieden wollt.
Steht auf,
Wenn ihr glücklich sein wollt.

Steht ein
Für eure Rechte.
Steht ein
Für unser aller Freiheit.
Steht ein
Für freie Meinungsäußerung.

Wenn wir uns zuhause verkriechen,
Werden sie uns alles wegnehmen.
Wenn wir nicht für unser Recht kämpfen,
Werden sie uns wieder knechten.
Wenn wir bei Unrecht schweigen,
Wird es gewinnen.

Besser

Menschen denken,
Aber sie denken nicht zu Ende
Oder wie erklärt ihr euch,
Dass wir uns dauernd bekämpfen.

Der Korruption Lohn
Ist die angespannte Situation.
Denn wenn die Logik verliert,
Siegt der Krieg.

Auch hier in der freien Welt
Lieben die Politiker das Geld;
Zu viele von ihnen mehr
Als ihre Loyalität.

Wir stehen am Abgrund
Verkünden alle Nachrichten.
Dunkle Zeiten streichen
Über den wolkigen Horizont.

Wir brauchen nicht nur
Eine bessere Politik.
Wir brauchen eine,
Die ehrlicher und klüger ist.

Gegen Rassismus

Staat gegen Menschen,
Das ist das neue Berlin.
Der Demos wird vertrieben
Und neue Menschen angesiedelt.
Das ist das logische Fazit,
Wenn man die Statistiken
Der letzten Jahrzehnte vergleicht.
Sagen darf man das nicht,
Denn für die Politik ist es nur dann
Eine rassistische Handlung,
Wenn sie von Inländern
Gegen Ausländer geht;
Andersrum geht es nicht.

Fragen wir die Menschen,
Die wir Aborigines und Indianer
Tauften, ob es Rassismus
Von Ausländern gegen Inländer gibt:
Was glaubt ihr, werden sie sagen?

Zehntausende Demos-BerlinerInnen
Wurden in den letzten Jahren
Aus der Hauptstadt Deutschlands
Eiskalt vertrieben.
Nur reden dürfen wir darüber
Nicht, sonst droht man uns mit Gericht.

Steht auf gegen Rassismus!

Wer?

Wir träumen von einer besseren Welt,
Aber haben keine Politiker,
Die fähig sind, sie aufzubauen.

Zugleich sitzen wir zuhause
Und glotzen Fernsehen oder
Scrollen durchs Handy.

Wer soll unser Paradies aufbauen,
Wenn wir es nicht tun;
Glaubt ihr jemand wird kommen?

Wenn wir uns nicht in die Hände
Spucken und buckeln,
Statt zu gammeln.

Wenn wir nicht fleißig werden
Und mit Schweiß und Blut
Arbeiten wie Ameisen.

Wenn wir nicht den Arsch
Hochkriegen und aufhören,
Unsere Lebenszeit zu verschwenden.

Niemand außer uns selbst
Wird die Welt aufbauen,
Von der wir träumen!

Vereint oder zerteilt

Links und Rechts
Teilen die Menschen,
Damit sie gegeneinander
Kämpfen.

Denn wenn die Menschen
Sich bekämpfen,
Können sie Links und Rechts
Leichter manipulieren und
Sich als Retter aufspielen.

Aber wenn wir vereint
Dastehen, dann haben Links
Und Rechts keine Chance,
Uns zu verführen.
Denn wenn wir vereint
Dastehen, dann werden
Wir uns lieben wie Brüder
Und Schwestern in den guten Zeiten.

Links und Rechts
Erscheinen verschieden,
Aber ihre Natur ist
Gleichermaßen durchtrieben.
Sie wollen Macht über Menschen
Und deshalb sorgen sie dafür,
Dass wir uns bekämpfen.

Der politische Kampf

Der politische Kampf
Ist Grund unserer Freiheit.
Denn solange Menschen leben,
Wird es einige geben,
Die uns untergehen sehen
Oder die uns die Freiheit rauben wollen.

Es wäre schön,
Wäre alles gut.
Es wäre wunderbar,
Wäre alles fair.
Es wäre ein Traum,
Könnten wir blind vertrauen.
Aber wir können es nicht.
Zu viele streben nach
Unserem Untergang.

Wir kämpfen für
Die Freiheit aller Menschen.
Wir campen
In freien Wäldern
Und säen die Samen
Des Weltfriedens.

Tiefer Sumpf

Politik siegt,
Wenn die Korruption
Besiegt ist.

Korruption ist
So viel mehr
Als bares Geld.

Korruption sind
Versprechen gegen
Ein paar Nettigkeiten.

Korruption
Ist der Hohn
Gegen das freie Volk.

Korruption ist
Der Weg in
Die nächste Krise.

Der Kampf gegen
Die Korruption ist der Kampf
Für die Demokratie.

Wir hier

Wir!
Hörst du das:
Wir!

Ohne wir
Gibt es kein Ziel.
Wir treiben wie Holz
Auf endlosen Wellenbergen.

Gemeinsam
Ist niemand mehr
Einsam.

Denn das Wir
Macht die Politik
Sinnvoll und gütig.

Wir leben
Mit dem Glauben,
Uns zu verändern.

Wir träumen
Von einer Welt,
Die gerechter ist
Für jeden aus dem Wir.

Zwei Federn

Frei sein
Von Priestern und
Adligen.

Wählen gehen,
Wen man will
Mit gutem Gewissen.

Bestimmen
Und mutig im Parlament
Klingen.

Lange danken
Für die Freiheit
Des Lebens.

Angstzwang
In den Diktaturen
Rund um die Welt.

Runde Urne
Frisst meine
Wählerstimme.

Die Logik
Aller Politik
Ist der Macht Sieg.

Gescheiterte Staaten

Eine Wette.
Dunkle Geschäfte.
Ein Staat geht bankrott.

Die globale Finanzelite
Weiß, wie sie Staaten
In die Knie zwingt.

Das Kapital fließt
Oder es wird
Richtig ungemütlich.

Wollen wir das?
Sollte das Geld nicht
Den Menschen dienen?

Aber wir dienen
Dem Geld wie die Arbeitssklaven
Im Kakaoanbau.

Eine Wette löst
Eine Kette aus und
Wieder ein gescheiterter Staat.

So viele leiden
Wegen des Treibens
Gieriger Investoren.

Sinnvoll

Leben ist mehr
Als überleben.
Leben hat Sinn
Und Leben will Sinn haben,
Um sich sinnvoll zu fühlen.

Wer ohne Sinn lebt,
Lebt sinnlos und sein Los
Ist trübe, denn er wird sich bald
Wertlos fühlen.

Was ist Sinn?
Tiefe und Verstehen
Ist Sinn. Gutes tun ist Sinn.
Verantwortung übernehmen
Ist sinnvoll. Alles findet sich
Im politischen Aktivsein.

Sei politisch
Und gib dir Sinn.
Sei politisch
Und lebe ein sinnvolles Leben.
Sei politisch
Und stifte Sinn.

Zu viele Idioten

Idiotie!
Idiotie!
Idiotie!

Wusstet ihr, dass das Wort Idiot
Altgriechisch ist und jene meint,
Die frei und nicht politisch sind.

Idioten sind nicht
Die vielen schlechten Politiker.
Idioten sind die Faulen
Und Dummen, die nicht
Politisch aktiv werden.

Idiot war der Name,
Den die Griechen
Den Unpolitischen gaben.

Die Griechen gelten
Als weisestes Volk Europas.

Sei kein Idiot!
Sei kein Idiot!
Sei kein Idiot!

Ungültig

Wofür entscheide ich mich?
Das klingt leicht,
Ist es aber nicht.
Ich sehe den Wahlzettel,
Weiß aber nicht:
Wen soll ich wählen?

Jedes Mal seit Jahren
War ich enttäuscht nach meiner Wahl.
Jedes Jahr mehr
Wird es eine Qual,
Denn ich weiß nicht,
Wer meine Stimme verdient.

Natürlich gehe ich hin,
Ich bin ein gut erzogenes Kind
Und erfülle meine Pflicht.
Aber ich glaube, ich kann nur
Noch ungültig wählen ruhigen Gewissens,
Sonst werde ich mich wieder
Nächte in meinem Kissen
Hin und herwälzen.

Geldwelt

Die Welt hat Geld.
Aber hat sie Liebe?

Viele haben Macht.
Aber wer hat die Kraft,
Gutes zu tun.

Im Parlament regnet es
Tränen aus Blut.

Das Fernsehen
Lobt die Generäle
Und berichtet von
Den Toten an der Front.

Die Welt steht Kopf.
Oder tat sie das immer?

Die Klospülung läuft
Besser als die Ämter.

Die Welt bräuchte Helden,
Aber sie kriegt Politiker
Und Lobbyisten,
Die sich gegenseitig nützen.

Heim ins Paradies

Könnten wir fliegen
Ins Paradies,
Würden wir die Politiker
Mitnehmen?

Wir erinnern uns
An die vielen gebrochenen
Wahlversprechen.

Wir wissen von
Den endlosen unaufgeklärten
Korruptionsfällen.

Wir wissen von
Ihrer grenzenlosen
Inkompetenz.

Wir wissen von
Ihrem Charme, den sie
Immer missbrauchen.

All das wissen wir und
Wir wissen um die Gefahr,
Wie sie damit das Paradies
Entzaubern könnten.

Die harte Wahrheit

Wer die Wahrheit
Des Planeten kennt,
Bricht weinend zusammen.

Stell dir vor, du
Wärst ein zwölfjähriges Mädchen
Und deine Eltern verkaufen dich
An einen fünfzigjährigen Mann,
Dem du nun als Sexsklavin
Lebenslang dienen musst?

Stell dir vor, du
Bist ein zehnjähriger Junge
Und deine Eltern verkaufen dich
An einen Plantagenbesitzer
An der Cote d`Ivor, wo du
Von nun an als Arbeitssklave
Den Kakao ernten musst und
Ohne Schutzausrüstung giftiges
Herbizid versprühst.

Stell dir vor, du
Bist eine alte Frau,
Du hast ein Leben lang hart
Gearbeitet und ein behindertes Kind
Großgezogen und jetzt sammelst
Du Flaschen und Essensreste
Aus den Mülleimern Berlins.

Wer die nackte Wahrheit
Des Planeten kennt,
Wird Zusammenbrechen.

Gekauftes Leid

Wie kaufen Mord,
Gewalt und Ausbeutung,
Wenn wir Produkte
Aus Diktaturen kaufen.

Wir finanzieren
Die Diktaturen, wenn wir
In ihnen Urlaub machen,
Mit Devisen.

Jeder Kauf ist
Ein politisches Geschäft.
Jeder Kauf entscheidet mit,
Ob Krieg oder Frieden ist.

Jeder Kauf bestimmt,
Wohin sich die Welt dreht.
Jeder Kauf manifestiert
Recht oder Unrecht.

Der Zehnjährige auf der Plantage.
Die Zwölfjährige an der Nähmaschine.
Was du isst und trägst,
Ist ein blutiges Geschäft,
An dem du durch Kauf
Beteiligt bist.

Tiefer Fall

Soziale Brände und
Katastrophale Missstände
Sind das neue Bild der Welt.
Es schien auch das Alte zu sein,
Doch diesmal hat das Elend
Auch die erste Welt erreicht.

Fentanyl-Epidemie in den USA.
Ein kollabierendes Gesundheitssystem
Bei uns und immer mehr Alte,
Die lebenslang gearbeitet haben,
Die Flaschen sammeln oder
In Suppenküchen gehen.

Das Elend der Welt
Ist ein undurchsichtiges Netz
Aus Profitgier und Korruption.
Wie Spinnen kontrollieren Machthaber
Ihr Netz mit brutaler Gewalt.

Der Kampf der Menschheit
Um echte Freiheit ist größer
Als vor zwanzig Jahren.
Die Zahl der Kindersklaven
Und versklavten Prostituierten wächst
Jedes Jahr mit dem Fall des Wohlstands.

Es wäre nicht schwer,
All das zu verbessern.
Doch dafür braucht es Hirn und Mut.
Haben wir Menschen davon genug?

Schlechte Wetteraussichten

Wir leben über unsere Verhältnisse.
Die Welt verbrennt unter unseren Füßen.
Wir sehen hilflos zu, wie der Zug
In den Abgrund rast.

Wir leben am Limit des Planeten.
Er verbrennt und wir rennen
Den Schnäppchen und Karrieren
Hinterher und sehnen uns nach mehr.

Wie verrückt verlagerten wir Fabriken
In Diktaturen und jetzt kontrollieren
Sie uns und überall kochen
Neue Kriegsherde hoch.

Wieso sehen Politiker nicht
Jahrzehnte im Voraus, wohin
Ihre Entscheidungen führen?
Könnten sie das, wären wir gerettet.

Die Parlamente stochern im Nebel
Trotz all der Techniken, die wir haben,
Um zu prognostizieren. Sie sollten
Sehen lernen wie Hexen in Glaskugeln.

Kindersklaven

Alles ist politisch,
Sogar so etwas Süßes
Wie Schokolade.

Wahrscheinlich über eine Million
Kinder weltweit
Schuften als Arbeitssklaven
Für die Kakaoindustrie.

Wir reden nicht
Von früher.
Wir reden von heute.
Wir denken, früher
Gab es Sklaverei.
Aber wir vergessen,
Auch heute gibt es Sklaverei.

Kleine Kinder,
Die als Sklaven arbeiten.
Weit mehr als eine Million,
Die morgen früh aufstehen
Und als Sklaven schuften.

Schokolade ist Politik!

Politisieren

Wir politisieren
Das Leben.
Wir politisieren
Jeden Bereich.
Das klingt falsch,
Solange du nicht begreifst,
Dass Politik nur das um sich
Selbst kümmern meint.

Wir kümmern uns um uns.
Wir sind füreinander da.
Das ist wahre Politik.
Das ist der politische Alltag.

Reiche die Hand und
Ergreife die Hand.
Knüpfe das politische Band.

Wir politisieren,
Denn wir wollen siegen.
Wir politisieren,
Denn wir wollen gewinnen.
Wir politisieren,
Denn wir sind
Füreinander da.

Wir sind wir

Wir klingt viel.
Aber wer ist das Wir
In der Politik?

Da stimmen viele
Für einen und der soll
Für sie entscheiden.

Da wählen alle
Und entgehen
So der Schande.

Da wollen wir
Eine bessere Politik
Und deshalb wählen wir.

Aber bleibt jedes Wir
Nicht nur ein Teil
Eines größeren Wirs?

Wann ist das Wir
Wirklich das Wir,
Das wir alle sind?

Volksgeist

Klein und groß.
Reich und arm.
In einer Demokratie
Haben alle Platz
Und alle Teile des Demos
Haben dasselbe Recht.

Kriegt einer Großer mehr
Oder eine Reicher
Mehr Einfluss, ist das
Ein Angriff auf die Demokratie.

Gleichheit für alle Teile
Des Volkes ist das Gesetz
Auf dem jede Demokratie steht.

Gemeinsam gleich sein,
Weil unser Volk uns
Auf eine gemeinsame Basis stellt.

Vereint sein im Gesetz
Und im Kampf gegen
Die Widrigkeiten der Welt.

Die feinen Unterschiede

Sie stehen
An den Kanzeln
Und reden.

Sie sitzen
In ihren Ausschüssen
Und beschließen.

Sie reisen
Zu tausend Meetings
Hände schüttelnd.

Aber woher wissen
Wir, dass sie gute
Arbeit leisten?

Was ist das
Geheimnis eines
Guten Politikers.

Was unterscheidet
Eine fähige Politikerin
Von einer Unfähigen?

Zukunftsspiel

Politik zielt,
Aber ob sie
Ihr Ziel trifft,
Bleibt ungewiss.

Wir bauen
Auf Vertrauen,
Aber nach jedem neuen
Korruptionsskandal
Schwindet unser Vertrauen
In die Politik.

Mit der Aussicht auf Jobs
Ködern einige Firmen
Unsere Politiker und sie
Verraten unsere Interessen.
Dieses Spiel führte uns
In die aktuelle Krise.
Denn sie kam nicht allein.
Sie ist das Ergebnis von Ursachen.

Die Politik wagt,
Aber ob der Tag
Kommt, an dem sie wahr
Wird, wird die Zukunft zeigen.

Viele Arme

Steh auf mein Freund,
Die Welt braucht dich.

Reichen wir uns die Hände
Und bilden eine Kette.

Zünden wir Kerzen an,
Um uns zu erinnern.

Das Tal der Hoffnung
Soll unser Zuhause sein.

Die Liebe zum Land
Ist unser traditionelles Band.

Lahmer Zeh am freien See,
Während wir picknicken.

Gemeinsam ist Demokratie
Uns sonst nie.

Ehrlich sein und bleiben

Wir wollen Politik,
Aber nicht, dass sie korrupt ist.
Bei uns im Norden geht's,
Doch selbst hier
Ist es zu viel.

Der Süden ist korrupter
Und fast immer ärmer.
Denn Korruption raubt
Den fairen Verlauf der
Wirtschaftskurve, hinauf
Zu immer neuen Gipfeln.

Korruption hemmt
Den echten Wettbewerb.
Sie macht alles teurer
Und ist das Ungeheuer
Schlafloser Nächte.

Ehrlichkeit ist der Preis
Und Ehrlichkeit ist der Weg,
Der in eine bessere
Welt führt.

Kaputt

Heile Welt.
Heile Wände.
Heile Kinder.

Bomben fallen.
Kinder schreien.
Häuser zerfallen.
Eltern weinen.

Alte Welt
Der Kriege.
Kriege in der
Neuen Welt.

Heile Gedanken
Heilen die Welt.
Heile Taten heilen
Die Kinderleibe.

Splittergranaten
Im grünen Garten.
Mordende Soldaten.
Blutleerende Taten.

Heile Träume
In einer kaputten Welt.

Kurz vorm Abgrund

Wir brauchen eine bessere Welt,
Damit sie nicht untergeht.
Unsere Gesellschaft ist ungesund
Und wir stehen am Abgrund.

Etwas läuft schief,
Nicht erst seit gestern.
Böse Kräfte sind aktiv,
Die über das Gute lästern.

Wir müssen etwas tun.
Unsere Kinder haben es verdient,
Dass das Gute siegt.
Das müssen wir ihnen schwören.

Die erste Welt hat vergessen,
Was es heißt zu kämpfen.
Derzeit lehren uns Menschen,
Was es heißt, alles zu riskieren.

Wir können es besser machen,
Aber das braucht viel Energie.
Noch können wir es schaffen
Und den großem Sieg erringen,
Doch täglich wird die Zeit knapper.

Der Freiheit Preis

Freiheit hat einen Preis
Aus Blut und Schweiß,
Solange es Diktaturen gibt,
Die am Frieden sägen.

Freiheit gibt es nicht umsonst.
Nichts Wertvolles ist kostenlos.
Denn die Ketten der Könige
Machen uns zu Hörigen.

Freiheit ist gefährdet,
Solange Kriegshetzer auf Erden.
Sie untergraben unser Volk
Mit immer mehr Erfolg.

Freiheit zerreißt leider
An vielen Ecken, aber weiter
Können wir kaum gehen,
Ohne unterzugehen.

Freiheit ist der Grund
Von allem tiefen Glück.
Sie zu verlieren führt
Zum ewigen Untergang.

Dunkle Wolken am Horizont

Weimar fiel
Wegen eines Kriegsflüchtlings
Aus dem südlichen Ausland.
Was wird mit Bonn und Berlin
Geschehen, wenn es so weitergeht?

Gibt es Grenzen
Für eine Demokratie
Oder kann sie
Alle aufnehmen?
Wann nehmen die Fremden
Den Ärmsten des Volkes
So viele Ressourcen weg,
Dass sie auf die Barrikaden gehen
Oder sogar einen Bürgerkrieg
Auslösen?

Stabilität stärkt die Demokratie.
Aber die Idiotie nie.
Vor uns liegt
Ein echter oder politischer Krieg.
Wer erringt den Sieg?

Hamsterrad

Die Welt dreht sich
Und dieser Tage drehte
Sie sich um hundert Jahre zurück.

Sie jagen wieder Juden
In Deutschland.
Sie bilden wieder Blöcke
Und einen eisernen Vorhang.
Nur Atombomben gab es
Vor hundert Jahren noch nicht.

Wir haben nichts dazu gelernt.
Wir haben uns nicht weiterentwickelt.
Wir waren nicht bereit, ernsthaft
Mit uns kritisch ins Gericht zu gehen
Und deshalb sind wir wieder hier.

Die Geschichte wird sich immer
Wiederholen, solange wir Menschen immer
Weiter die Gleichen bleiben.

Nur die Liebe ohne Grenzen
Kann uns retten.

Ränkekämpfe

Opfer der Vergangenheit
Und Täter in Amt und Würden.
Das war Deutschland
Nach dem Krieg.

Wo der Stachel des Krieges
Weiterleben darf, besteht die Gefahr,
Dass der Krieg wieder
Ausbrechen kann.

Auf den Zweiten
Folgte der Kalte,
Selbst heute sind wir
Zwischen den Fronten.

Politik sollte Frieden
Schaffen, denn sie
Hat alles zu verantworten.
Aber solange sie nur Ränke
Schmiedet, sind wir verloren.

Wie das Nashorn

Die Politik verschweigt zu viel,
Aber wir sind dankbar
Für jede Information.

Wir das Volk sind fähig,
Die harte Wahrheit zu ertragen,
Solange uns gute PolitikerInnen führen.
Aber in Zeiten wie diesen,
Da die Politik voller Menschen
Mit Schwächen, Süchten
Und Neurosen ist, macht uns
Selbst die kleinste schlechte Nachricht Angst.

Die Welt zerfällt,
Aber ein Volk voll Mut,
Weisheit und Tatkraft
Wird den Sturm überleben
Und stärker wieder aufstehen.

Es ist besser, keinen zu wählen,
Als Korrupte, Rechts-Linke und
Emotional Schwache und Süchtige
Zu wählen.

Überall

Im Süden, Osten,
Norden, Westen
Müssen wir aufhören
Gegeneinander zu kämpfen
Und uns die Hände reichen
Für bessere Zeiten.

Eine bessere Zeit
Kommt nicht von allein.
Sie kommt,
Weil wir fleißig sind
Und sie erschaffen.

Unser Kampf verhindert,
Dass wir sie finden.
Unsere Gier beschmiert
Jegliche Fantasie und
Wir übersehen die vielen Chancen.

In allen Winkeln des Planeten
Sollten wir aufstehen
Und beginnen zu demonstrieren.
In allen Winkeln der Erde
Kann es besser werden.
In allen Winkeln der Welt
Braucht es neue Helden.

Macht

Wer die Macht hat,
Kann machen und erschaffen.
Wer die Macht hat,
Hat die Macht zu machen.

Macht formt die Welt.
Sie ist das, was Geld
So begehrenswert
Und anziehend macht.

Macht bestimmt unsere Erde.
Ohnmacht ist das Erbe
Unserer Vergangenheit
Aus Krieg und Gewalt.

Macht bestimmt den Weg,
Den wir alle gehen.
Macht formt das Leben
Nach ihrem Willen.

Wer die Macht hat,
Hat das Potenzial
Alles zu erschaffen,
Was er will.

Smarte Politik

Politiker sind Skeptiker
Und das ist gut so.
Dennoch läuft es nicht rund
Und statt zu gesunden,
Wird unser Land immer kränker.

Wir zerfallen
Und wir fallen in Fallen
Von falschen Propheten,
Die sich als Berater ausgeben
Und Tonnen an Geld verschlingen.

Wir fragen nach
Und werden abgewiesen.
Wir graben tief
Und finden Dreck,
Der veröffentlicht zu Skandalen wird.

Politik darf gern tiefer graben,
Um uns zu bewahren
Vor mehr Inflation oder einer
Weiterem Kriegssituation.

Hosenboden

Dummer Scheiß
Beschreibt den heißen Preis
Der aktuellen Politik.

Anstand im Parlament
Hätte den Frieden gesichert.
Moral in den Köpfen der Politiker
Hätte uns alle reicher gemacht,
Statt nur ein paar wenige.

Wir sind am Hintern
Der kaltherzigen Realität
Und sehen zu, wie alles
Stumpf zu Grunde geht.

Das Fass rollt
Den Berg hinab
Und kracht und zerbricht
Und das ist nur eine Metapher
Für die Weltpolitik.

unerhört

Unerhört
Das Leid
Weiter Teile des Volkes.

Unerhört,
Wie sich die Politik
Die Diäten erhöht,
Während unser Land
In der größten Krise
Seit achtzig Jahren steckt.

Ungesehen
Die vielen Armen,
Die bei den Armenspeisungen
Anstehen.

Ungesehen,
Wie Politiker
Ihre Taschen füllen,
Selbst Kokain soll
Zum Alltag einiger Politiker
Gehören.

Ihr wollt, dass wir
Euch respektieren?
Dann lernt das Volk
Zu respektieren und lernt,
Es wirklich wahrzunehmen.

anfangen und weitermachen

Wahrheit
Führt uns
In die Freiheit

Korruption
Erzeugt nachweislich
Depressionen

Unsere kalte Welt
Bewertet Geld höher
Als uns Menschen

Unser kranker Staat
Hat nicht die Macht,
Es aufzuhalten

Aber wir können
Heilen und eine neue
Bewegung starten

Aus der Krise
Segeln in
Bessere Gefilde

Goldener Sonnenaufgang
Unseres reichen und
Freien Landes

Schmutzige Lobby

Politik verspricht
Und bricht,
Kaum dass die Wahl
Vorbei ist.

Wir sind dumm
Und glauben erneut,
Statt uns Garantien
Geben zu lassen.

Wenn wir wollen,
Dass sie einen
Besseren Job machen,
Müssen wir ihnen
Auf die Hände schauen.

Das Volk wählt das Parlament
Und nicht die Lobbyisten.
Wir brauchen Gesetze,
Die garantieren, dass Parlamentarier
Uns nicht ständig nach der Wahl
Für irgendeine Lobby verraten.

Wir das Volk bezahlen
Die Politiker und Politikerinnen.
Wir fordern Gesetze,
Um den Lobbyismus
Zu kontrollieren, damit sie keine
Chance bekommen, uns weiter zu betrügen!

Faules Pack

Die Krise ist da,
Vor der wir gewarnt.
Die Politiker wollten
Nicht zuhören.
Die Politikerinnen glaubten,
Sie wären klüger.

Wir sehen in eine
Ungewisse Zukunft.
Nichts ist mehr gewiss,
Nachdem wir in Jahrzehnten
Der Stabilität gelebt.

Nicht äußere Gründe sind Schuld:
Nicht der Klimawandel, nicht die Russen,
Kommunisten oder Fundamentalisten.
Sondern Schuld sind unsere
Faulen Politiker und Politikerinnen.
Ihre Bequemlichkeit führte uns
In diese Krise und nur eine fleißigere
Generation Politiker kann uns retten.

Ihre Diäten machen sie träge.
Ihr parlamentarischer Elfenbeinturm
Macht sie träge.
Ihre Privilegien lassen sie vergessen,
Wie das Leben der Mehrheit
Wirklich aussieht.

Ketten schreddern

Immer wieder kämpfen,
Bis alle Menschen
Frei von Ketten.

Mehr Sklaven als zur Zeit
Des amerikanischen Bürgerkriegs
Soll es heute geben;
Viele tragen keine Ketten mehr,
Aber die Gewalt ist real.

Unser Kampf ist echt.
Ihr Leid ist real.
Viele junge Mädchen werden
Ihren Eltern geraubt und
In den Stand als Sexsklavin verkauft.

Viele Männer geraten
In Abhängigkeit und schuften
Für den hohen Preis
Ihrer Gesundheit.

Viele Kinder schuften
In dunklen Schuppen
Für billige Klamotten
In den Shops des Westens.

Sklaverei heißt nicht frei,
Aber solange ein Mensch nicht frei,
Solange ist die Freiheit
Jedes Menschen bedroht.

Die Stunde des Siegers

Friedenspolitik trifft
Auf die Realität des Krieges
Und sie zerbricht.

Das Leid zu ertragen,
Zerreißt das Herz.
Aber wir dürfen nicht straucheln:
Wir müssen kämpfen!

Der Kampf für Frieden
Ist kein Krieg.
Der Kampf für Frieden
Ist der einzige Weg
In einer Welt, die von Kriegshetzern
Bedroht wird.

Zu viele sterben dieser Tage
Im Bombenhagel.
Zu viele fielen in den letzten Jahren
In den Schützengräben.
Zu viele verloren alles in einem Moment,
Was sie besaßen.
Zu viele weinen an den Gräbern
Ihrer ermordeten Liebsten.

Friedenspolitik muss den harten Weg
Gehen, um den Frieden wieder in jedem
Winkel der Erde erstrahlen zu lassen.

Die Weltbühne

Die Zeremonie der Politik
Ist ein großes Spiel,
Das die ganze Welt bewegt.

Zwischen Protagonisten und
Statisten sitzen wir:
Die einfachen Menschen.

Der Vorhang hebt sich
Und das Licht der Medien
Fällt auf die Gewählten.

Hinter den Kulissen
Wird getuschelt und es wird
Außerhalb des Parketts verhandelt.

Was geschieht, entscheidet
Sich beim Kaffee
Oder Mittagstisch.

Das doppelte Spiel der Politik
Ist jedem Gutherzigen zu viel,
Aber wir haben keine Wahl,
Falls wir eine bessere Welt wollen,
Müssen wir der Zeremonie
Unsern Tribut zollen.

Drehtür

Der Hunger der Welt
Ist ein Phänomen, weil wir
Mehr Lebensmittel produzieren,
Als es Menschen gibt.

Wo verschwindet der
Mehrwert einer gerechten Welt?
Wer raubt den Kindern
Ihre Nahrung?

Spekulanten agieren
Und Arme müssen frieren,
Weil Spekulanten die Sanierung
Ihrer Wohnungen blockieren.

Warum tut die Politik nichts
Gegen dieses Unrecht?
Gesetze könnten das Problem
Ganz einfach lösen.

Drehtürkorruption scheint
Die Erklärung zu sein.
Politiker bekommen tolle Jobs,
Wenn ihre Amtszeit vorbei ist.

Für diese Privilegien verraten
Sie die Gerechtigkeit.
Für die Aussicht auf einen Job
Nutzen sie ihre Position aus.

Schlaf?

Blutzoll
Der französischen
Revolution.

Lernten wir
Seitdem ernsthaft
Dazu?

Trug und
Korruption
Bei Staatsdienern.

Faulheit
Und Freiheit
Widersprechen sich.

Die Politikerin
Ist überfordert
Mit dem Ordern.

Stacheldraht
Auf dem Pfad
Der Demokratie.

Kinder begreifen
Nicht und müssen
Schneller reifen.

Das Parlament
Kämpft verzweifelt gegen
Chinas Einfluss.

Nicht nett, aber
Lebensbedrohlich
Verroht.

Zwillingspaar

Niemals wieder der Knecht
Von Links und Rechts.
Ihre Ideologie zieht
Uns durch den Dreck.

Eine Ideologie lügt nie,
Sagt die Ideologie
Und sperrt jeden ein,
Der das lächerlich findet.

Eine Reise ohne Wiederkehr.
Der Vulkan bricht aus
Und die Ströme versiegen.

Wo stehst du in der linken
Und rechten Idiotie?

Beide bauen Lager
Und sperren uns ein,
Sobald wir gegen sie
In die Opposition gehen.

Denk an die Opposition,
Die es immer gibt und
Wie schnell man zur
Ungeliebten Person wird,
Weil man sich nicht
Für eine Seite entscheidet.

Vielleicht glaubt man:
Beide sind verschieden,
Aber täuscht euch nicht.

Wahllos hart

Schüsse auf den Straßen und
Demonstrierende Menschenmassen.
Ein weiteres Land fällt
Der Bandengewalt zum Opfer.

Die Welt brennt,
Während Klimagase
Unsere Chance verbrennen,
Heil aus der Sache
Rauszukommen.

Hissen wir die weiße Fahne
Und befreien wir
Eine weiße Friedenstaube.

Symbole gegen Kugeln.
Hoffnung gegen Gewalt.
Was hilft einer Gesellschaft,
Die zusammenfällt?

Verhindern wir den
Flächenbrand!
Reparieren wir das
Sinkende Schiff.
Flicken wir den
Geplatzten Reifen.

Unser Traum

Der Traum der freien Welt zerplatzt
An der wirtschaftlichen Realität.

Alle Fahnen stehen auf Sturm.
Im Angesicht der komplexen Netze
Werden wir stumm.

Es ändert sich nichts
Und zugleich wird alles anders.
Es gibt immer noch Eliten,
Nur unser Wohlstand zerrinnt
Zwischen unseren Fingern.

Wo sind die Politiker,
Die uns retten und uns
Mit ihren Visionen anstecken?

Wir brauchen eine Vision,
Um wieder aufzustehen
Und der Krise mutig
Ins Gesicht zu sehen.

Demos ohne Ghettos

Heimat
Ohne Diktat.

Kultur
Ohne Zensur.

Ein Land
In keiner Hand.

Volk
Mit Erfolg.

Kein Agent
Im Parlament.

Zivilisation
Ohne Legion.

Politik
Mit Musik.

Digitale Agenten

Die freie Welt zerfällt,
Weil der Feind uns
Digital überrennt.

Sie manipulieren
Mit ihren AI-Maschinen
Unsere Wahlen und
Mit ihren Trollen zollen
Sie den Lügen Tribut.

Wir sind nicht fit
Und nicht geschickt
Genug, ihre miesen Tricks
Zu identifizieren.

Wenn wir nicht realisieren,
Wie sie uns manipulieren,
Könnten wir alles,
Was wir haben, verlieren.

Kreis

Was anderes sollte Politik tun,
Außer alles dafür tun,
Dass die Welt besser wird.

Aber tut sie das?

Wir hören von der Korruption
Und wir sehen die unterdrückte
Opposition im Gefängnis sitzen.

Ist diese Welt gerecht?

Wir drehen uns im Kreis.
Als die Sowjetunion fiel,
Gab es eine Chance auf
Dauerhaften Frieden.

Waren wir blind?
Der Kommunismus ist zurück,
Denn er war nie weg. Er hat
Die ganze Zeit Menschen
In Lager gesteckt und unterdrückt.

Wie weit ist deine Lagerhaft entfernt?

Du glaubst, du wirst nie
Im Lager enden, aber das haben
Hunderttausende Deutsche vor
Hundert Jahren auch geglaubt.
Fortschritt oder Rückschritt?

Spiegelbild der Gesellschaft

Kann Politik mehr?

Wie sehr wünschen wir
Uns fähige Politiker und
Politikerinnen, die unser Land
Zur Sonne führen.

Wir träumen von klugen,
Sympathischen, mitfühlenden,
Willensstarken und unbestechlichen
Männern und Frauen,
Die unser Land zur Blüte führen.

Nun ein altes Sprichwort sagt:
Ein Volk kriegt die Politiker,
Die es verdient.

Vielleicht stimmt es:
Falls wir bessere Politiker wollen,
Müssen wir uns zuerst
Selbst verändern.

Umbrüche

Große Gräben.
Gesprengte Blöcke.

Drei Welten.
Eine zerrissene
Menschheit.

Wie lange noch,
Ehe wir uns von den
Geistigen Bildern
Der Vergangenheit befreien?

Wir hassen uns wegen Ideen,
Die zu alt sind, als das sie uns
Weiterbringen.

Wo ist die politische
Bewegung, die das Tor
Zu einer besseren Zeit
Aufstößt?

Endlose Umbrüche.
Kontinente in der Armutsfalle.
Blicke töten.
Drohnen und AI
Beobachten.

Am Ende

Verlorene Schlachten.
Massengräber.
Das Versagen der Diplomatie
Und unfähigen Politik.

Alles dreht sich oder
Sind wir frei genug
Weiterzugehen?

Der Diktator spricht
Von Raketen, die er über uns
Abfeuern will, während er
Andere Länder bombardiert.

Geh deinen Weg,
Auch wenn er in den Abgrund führt.
Das Himmelslicht leuchtet
Den Gerechten.

Stehen wir auf für alle,
Die den Diktatoren
Die Stirn bieten!

Die Uhr schlägt zwölf

Die Glocke schlägt,
Der Tag beginnt.
Die Politik befiehlt,
Wenn der Krieg
Über uns hereinrollt.

Tage des Stahls.
Nächte des Donners.
Permanent droht
Gas durch die Türschlitze
Zu kriechen, um im Schlaf
Alle zu massakrieren.

Der Feind hat kein Gesicht,
Denn die Soldaten, die er schickt,
Sind nur arme Seelen, die verpflichtet
Sind zu kämpfen, weil sie sonst
Ihre Familien in Lager schaffen
Und sich zu Tode schuften lassen.

Unsere Politiker verzweifeln
In schlaflosen Nächten,
Um einen Weg zu finden,
Damit der Feind unser Land verlässt
Und wir wieder frei und glücklich sind.

Ein Stück vom Glück

Glück ist ein Stück
Der Demokratie,
Denn sie lässt Freiheiten,
Wie kein System sonst
Auf Erden.

Weisheit ist ein Teil
Der Demokratie,
Denn sie dringt ein mit Verstand
Und analysiert, was wirklich
Und wahrhaft ist.

Frieden kann siegen
In der Demokratie,
Denn in ihr wählen alle
Gleichberechtigt und wer will
Schon in den Krieg ziehen?

Politik ist real
In der Demokratie,
Denn in den Autokratien
Gibt es in Wahrheit keine Politik,
Weil ein Einzelner mit seiner Clique
Einfach alles fremdbestimmt.

Macht der Straße

Wille zur Macht
Und die Macht des Willens.

Ohnmächtig handeln.
Handeln ohne Macht.

Das Gesetz der Straße.
Die Straße vom Gesetz gemacht.

Was wird aus uns, wenn das alles hier zusammenfällt?
Was wird aus dir, wenn der Pils einer Atombombe am
Horizont aufsteigt? Was wird aus deiner Familie, wenn
das Klima alle Gletscher schmilzt und im Sommer den
Asphalt zum Kochen bringt? Was wird aus mir, wenn
das letzte Kind geboren ist?

Wähle!

Politik ist Macht.
Wer nicht politisch ist,
Ist bereits entmachtet
Und arm dran.

Wer die Politik
Bestimmt, entscheidet,
Wie rum sich
Der Planet dreht.

Wähle, aber wähle
Nicht, nicht zu wählen.
Denn nicht zu wählen,
Wird dich zum Opfer machen.

Wer sich versteckt,
Wird entdeckt.
Versteck dich vor der Welt,
Falls du es für möglich hältst.

Oder nutze die Macht,
Die du zur Verfügung hast.
Werde Teil des Stroms,
Der bestimmt, was passiert.

Dünkel

Aufstehen und dem Unrecht
Aufrecht ins Gesicht sehen.

Es passiert pausenlos:
Kaum ziehen einige das Los,
Ein Anführer zu sein,
Verändern sie sich und
Verlieren das Gefühl, Teil
Des Volkes zu sein.

So ordnen sie Kriege an
Und erhöhen Steuern
Ohne Scham, wie es ihnen passt.

So werden sie von Freunden
Zu Herrschern, die sich im Gefühl
Der Überlegenheit sonnen.

Aufrecht dem Gleichen
Ins Gesicht sehen und
Ihm klar zu verstehen geben,
Dass kein Tag kommen wird,
An dem er mehr ist!

Wir verlieren

Wir verlieren
Gegen das Diktieren
Auf demokratischen Ebenen.

Aufgebläht ist
Der Regierungsapparat.
Zur Unfähigkeit verdammt
Ihn seine Bürokratie.

Wir verlieren
Auf mehr Ebenen,
Als wir verkraften können.

Aufgebläht sind die Egos
Im EU Parlament. Sie glauben
Und vertrauen darauf, für ganz Europa
Zu sprechen, aber sie haben
Den Bodenkontakt verloren.

Wir verlieren
Unsere Leben,
Wenn wir uns nicht
Demokratisch erheben.

Klüngeln

Saubere Straßen.
Saubere Parteien.
Saubere Zungen.

Leider ist die Politik
Durch und durch korrupt.
Manche mehr. Manche weniger.
In manchen Ländern
Ist es das ganze Heer
Der Parlamentarier.

Sie lassen sich kaufen
Von Scheichs und Oligarchen.
Sie gehorchen ihrer Gier,
Statt das sie Gutes tun fürs Volk.

Ein endloser Sumpf.
Ungesund für jede Demokratie.
Ein herzloser Dschungel
Voll von Kupplern, die Geschäfte
Arrangieren und sich dabei maskieren.

Ganz geheuer ist es keinem!
Wir wissen nicht, was sie entscheiden.
Unsere Freiheit und unser Glück
Wird zu ihrem Spielzeug.

Flächenbrand

Geld. Geld. Geld.
Die Bombe fällt.

Krieg. Krieg. Krieg.
Keksteig.

Gestern. Heute. Morgen.
Pilze am blauen Horizont.
Unsere Welt brennt.

Wahl. Wahl. Wahl.
Die Politik verschlief.
Alles ging schief.
Krieg im Viertel.

Entmenschlicht.
Gesext zum Fleischstück.
Autoaus. Atomkraftbau.
Was ist Mann und Frau?
Die Welt verliert das Wesentliche
Aus den Augen und die Parlamente
Prügeln sich wegen Agentengesetzen.

Traurig, wie schnell es
Den Bach runterging.

Alarm!

Ein System gesprengt
Von linken Kräften.
Alles kollabiert und
Mehr Menschen sterben.

Unser Land überrannt
Von rechter Gewalt.
Sie morden und ordnen
Den Untergang an.

Unsere Kultur zerstört
Von ausländischen Fundamentalisten.
Sie wollen uns töten
Mit ihren Sprengstoffgürteln.

Wir stehen am Abgrund,
Weil wir unsere Feinde unterschätzen.
Wir fallen tief,
Weil wir sie gewähren lassen.

Harter Kampf gegen die Feinde
Der Freiheit und Gerechtigkeit.
Wer zählt mehr in einer Demokratie?
Es ist nur dann eine Demokratie,
Wenn alle im Volk gleich zählen.

Protestwelle

Proteste zerreißen die Länder,
Aber die neuen Gesetze
Dienen nur dazu, Freiheitsrechte
Hemmungslos zu brechen.

Lange währte die Tradition
Der zunehmenden Freiheit
Im Namen der Demokratie.
Aber die Zeitenwende beendet
Dieses Zeitalter der Hoffnungen.

Wir haben in vier Jahren mehr
Verloren, als unsere kleine Erde
Verkraften kann. Die Heere
Des Feindes sind furchtbar aggressiv.

Die Klippe des Klimawandels.
Der Abgrund der Kriege.
Die Härte des eisernen Vorhangs.
Die Geißel totaler Überwachung.

Vielleicht haben die Proteste recht:
Wenn wir jetzt nicht kämpfen,
Werden Milliarden Menschen
Die totale digitale Diktatur erleben.

Politik ist Arbeit

Streben nach einem besseren Leben,
Ist der Sinn der Politik.
Viele haben damit aufgehört
In der Region, die sich Westen nennt
Und von Jahr zu Jahr geht es
Uns schlechter.

Die Welt ist nicht gut oder schlecht.
Der Wert unserer Arbeit
Entscheidet, wie gut oder schlecht
Unsere Umwelt ist.

Jahre voll Harmonie und Frieden
Taten hinter uns liegen und
Die Menschen hatten zu viel zu genießen,
Statt sich um die Zukunft zu kümmern.
Jetzt scheint alles verloren;
Solange wir nicht bereit sind,
Fünfzig neue harte Jahre Arbeit
In diese bessere Zukunft zu investieren.

Recht und Gesetz

Wir brauchen Gesetze
Und wir brauchen auch die Polizei.
Ein paar Verrückte bezweifeln das
Und enden dann immer in Tyrannei.

Kontrolle ist nicht schlecht,
Solange sie gerecht ist.
Ja, sie wird oft missbraucht
Und deshalb müssen wir schauen,
Wie es besser geht.

Wir haben eine Ratio,
Die gut sein kann.
Wir haben Emotionen,
Die viel Liebe geben.
Aber wir haben auch
Unbewusste Spannungen,
Die dazu verleiten, dass wir uns töten,
Versklaven und vergewaltigen.

Wenn wir unsere dunkle Seite
Nicht kontrollieren, erreichen wir nur,
Dass wir uns wieder massakrieren.
Deshalb brauchen wir faires Recht
Und Menschen, die es umsetzen.

Qualwahl

Wahlen sind Qualen,
Wenn alle Parteien
Einem nicht gefallen.

Was soll ich wählen,
Wenn sie mich beschämen
Mit ihrer schlechten Politik und
Ihren miserablen Parteiprogrammen.

Ich habe was Besseres verdient.
Dieses Land hat was Besseres verdient.
Aber Wunsch und Realität
Sind oft zwei Paar Schuhe.

Der Kanal der Wahl
Erfüllt mich mit Scheusal
Und dennoch erfülle ich meine Pflicht.
Denn nicht zu wählen, geht nicht.

Wer nicht wählt, ist ein Idiot,
Sagen die alten Griechen.
Wer nicht wählt, ist selber schuld,
Wenn es bergab geht.

Aber wen sollen wir wählen?
Wer kann uns
Aus den Krisen führen?

Giftmorde

Die Nachrichten präsentieren
Viele Mordgeschichten.
Neuerdings morden die Diktaturen
Auf unserem demokratischen Boden.
Manche mit Gift. Manche entführen.
Manche machen es geschickt,
Sodass wir nichts davon hören.

Das politische Geschäft wird härter
Und die Ämter immer umkämpfter.
Anschläge auf Politiker und Politikerinnen
Sind wieder Teil der Normalität.

Wie schön war der Frieden
Auf unseren Straßen, als wir ihn
Noch hatten und nicht die Angst
Vor Gewalt von Links und Rechts
Und dem Inneren und Ausland.

Es herrscht Lebensgefahr
Für Parlamentarier in vielen Ländern,
Wenn sie gegen Kartelle kämpfen.
Es herrscht Lebensgefahr
Für Exilanten, die gegen die Diktatoren
In ihren Ländern kämpfen.
Die Welt ist gefährlicher,
Als sie es noch vor zehn Jahren war.

glauben

Politik siegt
Durch Frieden
Im Krieg werden wir
Alles verlieren

Glaube dem Wahren
Bekämpfe den Hass
Er frisst die Chance
Auf echte Wahrheit

Wir sind ein Volk
Aber wir folge nicht
Nur das Gesetz
Zählt hier und jetzt

Politisch siegen
Den Krieg besiegen
Die Familie lieben
Und die Welt umarmen

Wir sind vereint
Im politischen Heim
Parteien und Parlamente
Fördern die Talente
Um zu siegen und um sicher,
Unsere Liebsten zu lieben

Bodenlos

Der Frieden zerfällt
Und mit ihm die Welt.
Die Parlamente diskutieren,
Während wir an der Front verlieren.

Zeitenwende nennen sie es,
Aber es ist dieselbe Kriegspest
Seit über tausend Jahren.
Das einzig Wahre zu sagen,
Dass wir wieder da sind,
Wo wir seit langem waren.

Politik bestimmte und
Ihre Unfähigkeit verringerte
Die Stabilität im Land
Und auf dem Globus.

Der erneute Sieg des Hasses
Ist ein bodenloses Fass.
Doch dieser Krieg
Ist mehr technisiert
Und kann mehr Menschen töten.

Düster ist der Horizont.
Kein Mensch ist mehr gesund,
Denn Umweltgifte fressen
Den gesamten Planeten.
Keine Rettung in Sicht,
Nicht einmal das Licht
Eines legendären Helden erglimmt.

Neue PolitikerInnen braucht das Land

Kleine Reime
Für die Weisen,
Damit sie etwas für
Die Welt erreichen.

Wir brauchen kluge
Männer und Frauen,
Die sich zutrauen,
Das Land politisch zu lenken.
Denn den Kämpfen
Der Welt widerstehen wir nur
Mit einer starken Politik.

Wir schifferten jahrelang durch
Ruhige Gewässer. Die Politik hatte es
Nicht schwer, deswegen wurde sie faul
Und jetzt können wir unseren Augen
Kaum trauen, wenn all ihre Versäumnisse
Uns Einwohnern bewusst werden.

In guten Zeiten waren sie faul
Und derzeit versagen sie wegen
Inkompetenz. Die Zeiten sind rau.
Der politische Sturm tobt.
Wir brauchen PolitikerInnen,
Die uns aus der Krise führen.

Politische Geschäfte

Die Geschäftswelt
Will viel Geld verdienen,
Aber Politik muss verstehen,
Wie das geht und das Volk
Daran Anteil nimmt.

Wohlstand ist gemacht
Durch politische Entscheidungen.
Armut wird gemacht
Von dummen Meinungen.

Wir brauchen Wohlstand,
Damit unser Land nicht zerreißt.
Denn viele Systeme fielen,
Weil ihnen die Moneten fehlten.
Viele Völker protestierten,
Weil Politiker misswirtschafteten.

Jedes Geschäft ist Politik.
Die Politik macht Geschäfte.
Macht sie gute, wird das Volk strahlen.
Macht sie schlechte, werden sie murren
Und auf die Barrikaden gehen.

Unsere Kinder

Eine bessere Welt
Wäre ein Geschenk
Für alle Kinder.

Ihre kleinen Augen
Sollen staunen, weil
So schön ist, was sie sehen.

Das ist der Grund für uns,
Politisch alles zu geben,
Denn ihre Leben zählen.

Wir müssen unsere Stimmen
Erheben und wir müssen
Mehr als bisher geben.

Für sie stehen wir
Morgens auf und werden aktiv
Für eine bessere Welt.

Für die Kinder von heute und
Morgen wollen wir in die Politik
Gehen und gewinnen.

Wertschätzung

Die Erde ist ein Geschenk,
Aber der Mensch zerstört sie
Mit seiner dummen Politik.

Auch unsere Kinder sind ein Geschenk,
Aber in welchem Land
Wird die Politik ihnen gerecht?

Wir sind gesegnet von der Welt,
Aber wir vergessen das Glück,
Das uns umgibt.

Erst wenn wir realisieren,
Wie kostbar jedes Leben, werden
Wir politisch alles geben.

Lasst uns erwachen
Und eine bessere Welt machen,
Indem wir diskutieren und
Das Richtige beschließen.

Frauenpower

Wir brauchen Frauen
An der Macht für
Ein globales Gleichgewicht.

Die ganze Welt wird
Von Männern regiert,
Die allen misstrauen
Und außer Spionagenetzen
Nichts aufbauen.

Ein Funken Feinheit
Und die Gefahr verstreicht,
Dass wir uns wieder für
Jahrzehnte hassen.

Ein Funken Sensibilität
In der Politik und nicht nur die Diät,
Die alle Politiker interessiert
Und vielleicht reicht das
Und stoppt den Krieg.

Säbelrasseln und hassen
Sind die alten Sachen.
Ist es nicht endlich Zeit,
Dass wir was Neues ausprobieren?

Katastrophale Schlagzeilen

Drohnen fliegen.
Soldaten marschieren.
Die Welt hört gar nicht mehr auf,
Sich zu bekriegen.

Wo sind die Diplomaten,
Die mit ihren lyrischen Spaten,
Die Gräben zuschaufeln
Und Brücken bauen?

Die Reden verhallen und
Die letzten Chancen verfallen.
Wieder brennt eine Region
Und fällt ein Land ins Chaos.

Der Abwehrschirm protzt,
Aber manche schaffen es durchs Netz
Und schlagen ein und
Lassen Menschen leiden.

Ein großer Tisch mit klugen Männern
Könnte die ganze Welt ändern.
Aber in allen Ländern dieser Tage
Sind nur noch Dummköpfe an der Macht.

Irrungen und Wirrungen

Die Welt irrt
Und Idiotie schwirrt
Durch die Münder
Der Menschen.

Wahre Werte heilen.
Falsche führen in den Krieg.

Musik und Filme vermitteln
Dieser Tage Egoismus und Habgier
Und wir wundern uns dann,
Wie alles zusammenfällt.

Sobald die Welt begreift,
Was wahrhaft funktioniert,
Wird sie heilen.

Gier und Hierarchie sind
Genauso wenig ein Weg ins Glück,
Wie ein weiterer Krieg.

Die Welt irrt und schwirrt ab
Von ihrem guten Pfad,
Den sie noch vor ein paar
Jahren hatte.

Der Kampf

Der politische Kampf
Trägt ein altes Gewand.
Das Schwert in der Hand
Kam er den Berg runtergerannt.

Der politische Kampf
Hat viele Gesichter.
Manche entzünden Lichter
Der Hoffnung, andere verdunkeln
Die Muttersonne.

Der politische Kampf
Ist so wie die erste Siedlung
Der Menschheit und in ihm
Offenbart sich unser Streben.

Der politische Kampf
Ist voll vom Dampf
Erhitzter Gemüter, die mit Volldampf
Ihren Willen manifestieren.

Der politische Kampf
Endet oft im Krampf
Verhärteter Fronten, die sich oft
Jahrzehntelang belauern und
Auf eine neue Chance warten.

Weltweite Realität

Arme Welt.
Reiche Politiker.
Armer Slum.
Reiche Politikerin.

Einige bereichern sich
Und lassen sich ihren Wahlkampf
Mit blutigem Geld finanzieren.

Voll ist die Welt voll Korruption.
Leer ist die Chance auf Frieden,
Solange die Taschen sich füllen,
Von denen, die im Parlament sitzen.

Die Welt zerfällt
Aus keinem geringeren Grund,
Als weil wir die Probleme nicht lösen,
Weil immer wenn wir es versuchen,
Jemand die Politiker schmiert
Und sie dann alles derangieren,
Damit es wieder zusammenfällt.

Gekaufte Meinungen.
Verlorene Welt.

Nullsummen System

Das System hat ein Problem
Und damit meine ich nicht
Die äußeren Probleme.

Das System scheint
Seine Selbstkritik zu verlieren.
Es glaubt an seine Unfehlbarkeit
Und ihm reicht als reflexives Niveau
Die Meinung der eigenen Klientel.

Das System war gut,
Denn es nahm sich nicht zu ernst.
Das System hatte Potential,
Denn es erinnerte sich noch
An die Schmerzen der Kriege.

Jetzt steht das System da
Und muss sich fragen,
Ob es in die falsche Richtung läuft.
Jetzt wird dem System klar,
Dass es wieder ehrlich sein muss.
Jetzt muss das System entscheiden,
Ob es wieder selbstkritisch wird
Und falsche Entscheidungen revidiert.

Tanz am Abgrund

Ob oder ob nicht,
Frage ich nicht mehr.
Wir müssen etwas tun,
Denn die Geschichte zeigt,
Wie schnell Dinge eskalieren.

Derzeit sind nicht
Nur die Märkte volatil,
Auch die Parlamente
Wirken sehr instabil.

Es ist viel Bewegung
In der Welt und nicht
Alles davon zu unseren Gunsten.
Die falschen Staaten haben
Macht gewonnen und nutzen sie,
Um Chaos zu stiften.

Frauenrechte gehen wieder flöten
Und die Kriegstrommeln rasseln.
Die Zahl der Sklaven wächst
Und Kinderarbeit grassiert.
Die Umwelt wird so verdreckt,
Dass es schwer wird, sauber zu machen.

Ob oder ob nicht,
Das frage nicht in diesen Zeiten.
Leiste deinen Beitrag,
Damit es wieder besser wird.

Ökogeblöke

Ist die Natur kollabiert,
Weil wir falsch konsumieren
Oder weil wir falsch
Politisieren?

Was ist passiert,
Dass wir mit Vollgas
In die Krise manövrieren?

Jetzt ist er da:
Der globale Sarg.
Auf das Ozonloch folgte
Das gefährliche Klimajoch.

Die Politik hat's kapiert,
Aber bisher ist nichts passiert.

Alle sehen hin und heulen,
Aber läutern weder ihren Konsum
Noch ihr Wahlverhalten.

Wohin fahren wir
Mit unserer Ökokrise?
Rettet uns das Glück oder
Gibt es kein zurück
Vom Weltuntergang?

Hochrechnungen

Lebe. Strebe. Erhebe
Dein Volk zur Blüte.

Wer sich engagiert,
Ist politisiert.

Ewiges Gewühl
Auf der Weltbühne.

Lange Wahlabende.
Akzeptanz der Niederlage.

Wieder die Falschen.
Wieder sozial fallen.

Hoffnung bleibt
Auf eine bessere Zeit.

Sich wählen lassen,
Um Sachen anzupacken,
Die alles besser machen.

Zombiedroge

Die Epidemie der Chemie
Mit allen Drogentoten
Ist eine Epidemie der Politik,
Die das Volk nicht zusammenhält.

Die Menschen fühlen,
Dass sie nicht mehr dazugehören.
Die Menschen vermissen,
Das Gefühl der Einheit.

Das Volk zerreißt
Aus tausend Gründen.
Aber die Politik schafft es nicht,
Einen guten zu finden,
Der uns wieder vereint.

Die Epidemie der Einsamkeit
Ist der wahre Preis
Für das Versagen
Der Sozialsysteme.

Die Epidemie der Hoffnungslosigkeit
Greift um sich und erreicht
Selbst die Jüngsten, die sich verzweifelt
Mit Drogen vollpumpen,
Um der Sinnlosigkeit zu entkommen.

Politogeddon

Das Ende der Welt naht.
Das Chaos verkrampft
Das System.

Das Land steht Kopf.
Alle Hoffnung ist
Längst gestorben.

Es gab eine Chance,
Aber das System
War krank.

Es krankte an
Korruption und
Politischer Inkompetenz.

Unfähigkeit ließ
Uns in die Tiefe
Des Nichts sinken.

Jetzt ist wahr,
Wovor so viele gewarnt:
Wir stürzen in den
Prognostizierten Abgrund.

Hijab

Frei vom Zwang,
Aber die Zwangsehe
Kehrt mit der Migrationspolitik
Zurück in die Mitte der Hauptstadt.

Viele Frauen leben in ihr
Jahr für Jahr inmitten Deutschlands,
Weil unsere Politik
Die Menschenrechte vergisst,
Sobald es um die Kritik
An Ausländern geht.

Was ist die Zwangsehe anderes
Als lebenslange Sexsklaverei?
Gezwungen, dem Sklavenhalter
Zu dienen.
Gezwungen, den Sklavenhalter
Sexuell zu befriedigen.
Gezwungen, dem Sklavenhalter
Kinder zu schenken, die er dann
Zum heiligen Krieg oder
Zur Zwangsehe verdammt.

Niemals Links und Rechts

Die politische Pest
Heißt Links und Rechts.
Sie infiziert uns
Mit politischen Viren,
Die dazu führen,
Dass wir uns bekriegen.

Links und Rechts
Sind nicht nett.
Aber sie haben viel gemein,
Als wären sie ein und dasselbe.

Ein zweieiniges Zwillingspaar,
Das ist nun mal wahr;
Das sind Rechts und Links.
Eine Familie, die eins will,
Uns zerreißen, damit wir streiten
Und uns Gewalt antun
In ihrem Namen.

Politische Freiheit

Ein Weg, der von der Knechtschaft
In die Freiheit führt.
Ein Kampf gegen die Tyrannei,
Bei dem viel Blut geflossen ist.

Eine Freiheit in den Wiesen
Und Feldern, die nicht verseucht ist
Vom gierigen Gesindel
Des Autokraten.

Sie rauben uns den Samen,
Den wir durch die Zeit tragen.
Sie nehmen uns das Glück
Des freien Augenblicks.

Freiheit gab es nie umsonst
Und wir werden sie verlieren,
Wenn wir uns nicht beständig
Um Freiheit bemühen.

Politische Freiheit ist der Gipfel.
Es ist die Spitze der bisherigen
Menschheitsgeschichte.
Politische Freiheit war ein Traum
Für Milliarden Augen, den wir
Heute täglich schauen.

Sein und Schein der Demokratie

Wir sind das System
Oder sind wir es nicht?
Sollte in der Demokratie
Nicht alles dem Volk gehören?

Sein und Schein zerreißen.
Wie die Dinge sind und
Wie sie erscheinen und
Mehr noch, wie sie sein sollten.

Wir sind das Volk.
Wir sind der Souverän im Staat.
Unser ist die Macht
Oder ist sie es nicht?

Wir sind die Relevanz,
Der die Verfassung alle Macht
Überträgt und jeden von uns
Königgleich macht.

Die Wahrheit ist nackt
Und sie ist roh und zerbrechlich.
Mehr noch ist sie multiperspektivisch
Und manchmal ist alles anders,
Als wie es wirkt.

Demo

Wir wollen marschieren
Und für eine bessere Welt
Friedlich demonstrieren.

Wir sind viele und wir sind
Mit der Politik unzufrieden.
Wir wollen etwas bewegen,
Deshalb müssen wir demonstrieren.

Wir sind die kritische Stimme,
Die aus dem Gewimmel
Der Masse aussteigt
Und aufhört zu schweigen.

Wir sind ein Gefühl
Und viel mehr als Kalkül.
Wir werden unbequem,
Wenn sie uns übersehen.

Wir werden demonstrieren
Und politisch agieren.
Das ist unser Recht
Und es ist unsere Pflicht
Und wir drücken uns nicht!

Gekappt

Wir wollen Frieden
Und kriegen Krieg.
Wir wollen Reichtum,
Aber die Inflation frisst den Lohn.

Es könnte einfach sein,
Doch es ist schwer.
Die Welt dreht sich,
Aber niemand weiß wohin.

Das Parlament debattiert,
Während das Land zugrunde geht.
Die Wahlplakate versprechen,
Aber sie werden alles brechen.

Wir wollen nur Spaß,
Aber versinken im Arbeitsalltag.
Wir wollen nur Liebe
Und nicht großstädtische Triebtäter.

Ist es zu viel verlangt,
Dass es einfach gut läuft?
Wozu bezahlen wir die Politiker,
Wenn sie immer alles versauen?

Für die Freiheit

Wir träumen
Von Freiräumen
Und erleben weltweit
Die Staatsmacht, wie sie
Freiräume abschafft.

Es wirkt, als würde dieser Tage
Die Freiheit begraben.
Dafür graben sie tiefe Gräben
Um ihre Lager und Meinungen,
Bis es eskaliert und der Streit
Ins Unermessliche wächst.

Freiheit war das Credo des Demos.
Freiheit war der Slogan auf den Fahnen.
Freiheit war das Ziel des freien Demos.
Freiheit ist der Traum, der vor
Unseren Augen zerplatzt.

Gescheiterte Familienpolitik

Kleine Augen
Schauen ins Grauen.
Kinder weinen,
Weil Erwachsene schreien.

Wir bauten ein Land,
Das nicht für Kinder gemacht.
Weniger als je zuvor,
Sind wir ein Ort für Familien.

Das totale Versagen,
Für das sie die Schuld tragen.
Sie sind die PolitikerInnen
Für Erziehung und Bildung.

Wir sind ein Land,
Dem die Kinder wie Sand
Durch die Finger rieseln und
Wir sie nie zurückkriegen.

Wir werden älter,
Aber zuerst werden wir egoistischer.
Keiner will mehr Kinder,
Aber alle wollen sich selbst finden.
Aber wo wirst du dich besser finden,
Wenn nicht in den Augen deiner Kinder?

Feuerrot

Wenige Veränderungen,
Aber immer Katastrophen.
Immer soziale Unruhen,
Aber keine Reformen.

Desillusion ist das neue Maß.
Die Angst vor der Zukunft ist krass.
Wir rasen gegen eine Wand
Mit unserer schönen Gesellschaft.

Wiederholt sich das Drama
Oder sind wir diesmal resilienter?
Hören wir zu oder
Konsumieren wir nur?

Knallrote Leuchten,
Die unsere Gedanken befeuchten.
Impotente Hoden geboren
Aus flüchtigen Umweltgiften.

Eine Welt könnte alle
Probleme lösen.
Aber sie kann sich nicht
Von ihrer Vergangenheit lösen.

Bodenloses Loch

Die Welt hat sich in fünf Jahren
In ein politisches Pulverfass verwandelt.
Jedes Gefühl von Stabilität
Ist global verschwunden.

Corona Pandemie
Und mentaler Stress.
Russlandkrieg, Chinas Größenwahn
Und Inflation.

Die USA fallen aus,
Weil sie einen geisteskranken
Präsidenten wählten.

Europa blockiert sich selbst.
Afrika versinkt in neuen Bürgerkriegen
Und frisch getauften Autokraten.

Die Linken sind zurück und
Konkurrieren mit den Libertären.

Alles was fehlt, ist der
Gesunde Menschenverstand
Und die Macht der Logik
Und Rationalität. Aber die Bildschirme
Haben die Gehirne gekocht.
Da ist keine Vernunft mehr.
Nur ein Planet der zugrunde geht.

Blitz und Donner

Donner wird Zorn.
Der Dorn der Diktaturen
Sitzt uns im Nacken.

Wir werden bedroht
Von Scheichs und
Kommunistischen Parteien.

Turbinen brennen
Und Laser arbeiten,
Um Satelliten zu zerstören.

Ein Sturm ist längst
Aufgezogen und verwandelt
Sich in einen Orkan.

Wir vergaßen unser Haus
Wetterfest zu machen und
Jetzt stecken wir in der Krise.

Tage des Donners. Wilde Blitze.
Ein politisches Erdbeben
Verändert das Gesicht der Erde.

Das politische Paradies

Folgt mir
In ein politisches Paradies,
Wo alle fair sind und keiner
Die Meinungsfreiheit für Hassreden
Missbraucht und wo Menschen
Nicht mehr gegeneinander kämpfen,
Sondern sich unterstützen.

Folgt mir
In ein politisches Paradies,
Wo die Politik wirklich zuhört
Und versteht, wie es besser geht.

Folgt mir
In ein politisches Paradies,
Wo wir uns alle ohne Ausnahme
Auf Augenhöhe begegnen.
Wo Gleichheit wirklich existiert
Und nicht nur ein Konstrukt
Auf dem Papier ist.

Folgt mir
In ein politisches Paradies,
Wo es Spaß macht und Freunde bringt,
Wenn man politisch aktiv ist.

Rechts, Links, Fundamentalismus

Rechts ist schlimm.
Links ist schlimmer.

Die Fundamentalisten sind
Am schlimmsten.

Die Rechten sagen,
Wir hassen dich,
Deshalb töten wir dich.

Die Linken sagen,
Wir lieben dich,
Aber wir müssen dich
Töten, um Gerechtigkeit zu schaffen.

Die Fundamentalisten sagen,
Sie wollen uns vor der Hölle retten.
Deshalb töten sie dich,
Weil sie dich so schützen wollen.

Träume

Die Welt träumt
Von einer besseren Welt,
Aber spuckt sich nicht in die Hände
Und baut sie auf.

Die Menschen träumen
Von einer besseren Zeit.
Aber sie wird nicht kommen,
Solange wir sie nicht erschaffen.

Die Kinder haben
Eine bessere Zukunft verdient.
Aber auch die geschieht
Nur, wenn wir sie erschaffen.

Was auch immer wir träumen,
Ist möglich zu erlangen.
Doch der Weg dorthin besteht
Aus harter Arbeit.

Träumen wir uns und
Schuften wir für die Träume,
Nach denen wir uns sehnen und
Wegen denen unser Geist schäumt.

M. for President

Wählten sie mich,
Würde ich für sie alles geben.
Wählten sie mich,
Würde ich für sie siegen!

Sie können weiter
Diese Parteien voll fauler Politiker
Und inkompetenter Politikerinnen wählen.
Aber sie können auch mich wählen
Und ich werde sie zu den Sternen führen.

Wir können gewinnen:
Vertraut mir!
Wir können siegen:
Folgt mir!
Wir können unsere Träume leben:
Fliegt mit mir!

Wir sind ein Team und ich will
Euch in den Parlamenten vertreten.
Wir werden gewinnen,
Wenn ihr mich wählt.
Vertraut, glaubt und
Siegt mit mir heute und
Für den Rest der Wahlperiode.

Erhitzte Debatten

Das Politikbarometer
Klettert in die Hitzemeter.
Die Welt kollabiert und
Links und Rechts streiten sich
Wieder um die Reste des Kuchens.

Wir verlieren unseren kühlen Kopf
Im Angesicht von Klimawandel,
Krieg und Inflation,
Während uns Mächte bedrohen
Wie Kommis und Fundamentalisten.

Die Hitze in den Parlamenten
Wird uns nicht retten,
Aber kühles Kalkül
Mit der richtigen Prise Glück
Bringt uns an den Spieltisch zurück.

Wir brauchen einen klaren Verstand,
Sonst rast das Land gegen die Wand.
Wir brauchen Fingerspitzengefühl,
Um die Lösungen zu erfühlen
Und wir brauchen Geschick,
Um ganz groß zu gewinnen.

Der große Graben

Politik siegt
Durch viel Palaver.
Das ist an sich okay,
Solange man bei der Sprache
Des Volkes bleibt,
Damit es versteht,
Worum es geht.

Längst leben Politiker
In ihrer eigenen Welt,
Die nicht viel zu tun hat
Mit der Welt des kleinen
Mannes und der kleinen Frau.

Zwei getrennte Welten,
Nur durch die Wahl verbunden.
Aber dieser Tage wird der Graben
Immer größer und mit ihm
Die Risse in der Gesellschaft.

Wenn Politiker und Politikerinnen
Zurück zu ihrem Wahlvolk kehren,
Wird sich die Demokratie erholen.

Freiheitskampf

Wir streiten
Über Kleinigkeiten,
Während unsere Feinde
Sich vorbereiten, uns
Zu überrennen.

Faschisten, Kommunisten
Und Fundamentalisten werden
Uns alle Freiheit rauben, falls
Wir uns nicht zusammenreißen
Und ihnen die Stirn bieten.

Faschisten ermorden Menschen.
Kommunisten ermorden Menschen.
Fundamentalisten ermorden Menschen.
Aber wollen wir nicht vergessen,
Dass in einigen großen Demokratien
Oligarchische Strukturen nach
Der Macht streben, um uns unsere
Freiheitsrechte zu nehmen.

Solange wir uns streiten
Über Kleinigkeiten,
Wird ihre Macht wachsen
Und mit ihr die Gefahr,
Dass wir alle Freiheit verlieren.

Verurteilte Oppositionelle

Freier Geist gedeiht
In einer freien Welt,
Wo eine friedliche Opposition
Alle Rechte hat.

Die Autokraten verfolgen
Ihre Gegner pausenlos.
Manchmal sind sie fies,
Aber meist benutzen sie Tricks.

Sie stechen sie aus,
Indem sie Gerichte beeinflussen.
Sie schieben ihnen Anschuldigungen zu,
Um sie zu diskreditieren.

Eine Opposition ist wichtiger
Als ein guter Machthaber.
Denn es gibt keine Machthaber,
Die keine Fehler machen.

Menschen machen Fehler!
Deshalb brauchen wir Menschen,
Die gegen alle Widerstände
Die Politik überwachen.

Freie reden

Freiheit schreit
Nach Gerechtigkeit.
Doch der Preis aller Freiheit
Ist Meinungsfreiheit.

Zu sagen, was man denkt,
Klingt einfacher, als es ist.
Zu schnell landet man vor Gericht,
Weil man den Mächtigen
Angeblich in die Suppe spuckt.

Aber wenn nur die Reichen
Sagen dürfen, was sie denken,
Weil sie Anwälte bezahlen können,
Um für ihr Recht zu kämpfen:
Was ist die Freiheit dann Wert?

Wir brauchen lose Zungen,
Die auch mal in riesige
Fettnäpfchen tunken.
Denn dann wird Sinn
Oft klarer, als nach dem vielen Palaver,
Dass nur um den heißen Brei springt,
Statt es auf den Punkt zu bringen.

Sag, was du denkst,
Auch wenn es Priestern, Imamen
Und Königen missfällt.
Sie haben uns lange genug geknechtet
Und unser Wort entrechtet.

Marschiert in den Tod

Was will der Kommunist
Und auch der Faschist?
Dass wir für sie marschieren
Und ihre Feinde liquidieren.

Wir wären nur Kanonenfutter
Für ihre kranken Ideologien.
Wir wären nur Schlachtvieh
In ihren vielen Kriegen.

Links und Rechts sind
Ein menschenfressendes Gespenst.
Links und Rechts haben
Die Welt mit Gewalt aufgefressen.

Offiziell hassen sie sich,
Aber guckst du genau hin,
Erscheinen sie wie
Zweieiige Zwillinge.

Zu viel ist gleich
Bei Links und Rechts,
Sodass ich echt nicht mehr weiß,
Wo der Unterschied ist.

Erde

Die Erde dreht
Sich immerzu.
Sie braucht uns
Menschen nicht.
Aber wir brauchen sie!

Haben wir Respekt
Vor Mutter Erde oder
Sägen wir den Ast ab,
Auf dem wir sitzen.

Wir zerstören die Natur.
Wir versklaven Millionen
Menschenkinder.
Wir degradieren Frauen
Zu Menschen zweiter Klasse
Und wir beuten alles aus
Und verteilen es so,
Dass nur ein paar Wenige davon
Gut leben können.

Die Erde will uns
Alles geben.
Die Erde schenkte
Uns dieses Paradies.
Machen wir endlich eine Politik,
Die dem gerecht wird.

Viele Köpfe

Alle zusammen.
Alleine fallen.
Eine faire Welt ist
Ein Gemeinschaftsprojekt.

Die Hände reichen.
Allein verzweifeln.
Wer den Staat unterstützt,
Wird eine Zukunft finden.

Die Erde als Haifischbecken,
Auf dem wir das
Schwarmbewusstsein brauchen,
Um zu überleben.

Die Welt als schwarzes Loch,
Das alles Kleine einsaugt.
Gemeinsam können wir
Uns stabilisieren.

Der Bund des Volkes
Als schönstes Gold.
Die Gemeinschaft
Als echte Einheit.

Gini-Koeffizient

Reich sein
Hat einen Preis.
Arm sein
Gibt es umsonst.

Faire Chancen
Sind selten.
Eine Chance
Hat jede:r verdient.

Die gute Welt zerfällt
In Ungerechtigkeit.
Zeit verstreicht.
Ungelöste Probleme.

Die Politik steuert
Den Gini-Index.
Ein zerrissenes Volk
Endet im Bürgerkrieg.

Sozialer Abstieg.
Golfclub.
Alle Gegensätze
Unter einem Dach.

Immer wieder

Immer wieder Politik,
Weil die Welt
Davon abhängt.

Immer wieder diskutieren,
Weil die Lösungen für die
Probleme komplex sind.

Immer wieder demonstrieren,
Weil es das Recht
Der Freien ist.

Immer wieder wählen,
Weil die Wahlfreiheit
Hart erkämpft wurde.

Immer wieder erinnern,
Wie viele die Demokratie
Zerstören wollen.

Arm und reich

Arm oder reich.
Gleich oder entzweit?
Leid der Armen.
Angst der Reichen.

Zwei Blöcke.
Zwei Menschen.
Zwei Welten.

Schwer für die Demokratie
Zu vereinen, was so
Verschieden zu sein scheint.

Aber Blut ist rot
Und in der Diktatur
Stirbt man arm oder reich.
Das zeigen die Vergangenheit
Und die Gegenwart gleichzeitig.

Die Idiotie der Finanziers
Aufs falsche Pferd zu setzen,
Rettet nicht durch Wetten,
Wenn das Schiff der Freiheit sinkt.

China knechtet seine Reichen.
Legt ihnen Maulkörbe an
Und bedroht ihre Familien.

Die Freiheit ist unbezahlbar
Und sie ist kostbarer als alles Geld.

Klimafrage

Wenn die Natur zu Grunde geht,
Was glaubst du, passiert mit uns?

Sieh ihre SUVs und wie sie
Ihre brennenden Kippen
Auf die Straße schnippen.

Erfahre von der Insel
Aus Plastikmüll,
Die auf dem Ozean schippert.

Oder schau dir Bilder
Von Müllbergen an, die wir
Nach Afrika verschiffen.

Es gibt Probleme, die kommen
Einfach und es gibt Probleme,
Die macht man sich.

Den Klimawandel, die Müllberge
Und verpestete Luft, die Wetterextreme
Und ihre katastrophalen Folgen
Wie instabile Staaten und Flüchtlingsströme,
Haben wir durch unser Handeln
Selbst gemacht.

Volkisch

Unser Land fällt
In den weltweiten Rankings.
Unser Volk zerfällt,
Weil die Politik nichts
In den volkischen Zusammenhalt
Investiert!

Volkisch statt völkisch.
Denn alle Rechten sind die Feinde
Des freien Volkes.
Volkisch statt völkisch,
Weil wir ein Volk sind.
Volkisch statt völkisch,
Weil unsere Verfassung
Demokratisch ist.

Ausländische Kolonialisten,
Die im Inland siedeln und
Inländische Nazis und Verrückte,
Die an eine Weltverschwörung glauben.
Dazu die Inflation und
Der Strukturwandel der Weltwirtschaft,
Nicht zu vergessen: der Klimawandel.
Wir stehen vor größeren Prüfungen
Als jede Generation vor uns,
Obwohl die Nazis natürlich
Eine riesengroße Scheiße waren.
Aber unsere Probleme sind elementar.
Sie sind global und sozial.

Volkisch statt völkisch heißt,
Wir reißen uns den Arsch auf,
Damit unser Volk reich und frei
Und gut für unsere Kinder bleibt!

Armutsgrenze

Sieh die Armen.
Riech die Bettler.
Höre zu in den
Suppenhäusern.

Armut zerreißt
Das Land.
Sie war lange
Unbekannt,
Aber kam knallhart zurück.

Knallhart zwar ja,
Aber nicht über Nacht.
Schleichend kroch der Pauperismus
In die Mitte der Gesellschaft
Mitten in unser aller Leben.

Wache Politiker hätten vor Jahren
Schon bemerkt, dass etwas nicht stimmt.
Echte Politikerinnen hätten etwas getan,
Statt nur weggeguckt.

Aber die Politik ist blind
Und die Menschen sind verzweifelt
Und laufen den Demagogen
Wieder in die Arme.

Gegen die Vetternwirtschaft

Tausend Jahre
Nur Autokratie
Und Unterdrückung.

Was war es, dass sie hatten,
Um mit einer Clique von kaum mehr als
Zwanzig Mann ein ganzes Volk
Jahrhundertelang zu unterdrücken?

Wir sind wie Schafe
Und lassen uns ohne Gegenwehr
Auf die Schlachtbank legen.

Niemals
Lassen wir das erneut zu!
Wir sind nicht bereit für ein
Weiteres Jahrhundert Diktatur.

Freiheit hat den Preis
Des politischen Kampfes.
Menschlichkeit kommt
Nur nach harter Arbeit angereist.

Das Ziel ist klar:
Retten wir die Welt.
Der Weg ist das sich ändernde
Gesicht im Spiegelbild.

Eine Welt

Reich sein
Und arm bleiben

Eine faire Welt
Bietet Chancen
Für die Gutherzigen

Wenn die Lüge siegt
Folgt der Krieg und
Wir alle verlieren

Deshalb sind wir gut
Weil dem Guten
Gutes folgen wird

Deshalb sind wir fair
Weil das Heer
Nicht morden soll

Deshalb haben wir Herz
Und machen keinen Scherz
Auf Kosten anderer

Deshalb politisieren wir
Um echte Harmonie zu machen
Und nicht nur oberflächliche
Betäubung für die Massen

Mutter Erde

Diese Erde trägt
Ein schweres Erbe.
Kriege, Sklaverei und
Harte Kinderarbeit.
Diese Erde weint,
Selbst, wenn die Sonne scheint.

Die Zukunft ist ungeschrieben.
Wir können das Blatt wenden,
Wenn wir in die Politik gehen
Und etwas Positives bewegen.

Wir können es ändern
In allen Ländern der Erde.
Aber das braucht Herz und
Stärke, um durch den Schmerz zu gehen.

Diese Erde ist taub
Und blutig ist der Staub.
Der Raub der Menschlichkeit
Und das grenzenlose Leid
Der Tiere in den Schlachthäusern.

Können wir es ertragen
Oder sind wir bereit,
Die Verantwortung zu tragen?

Reine Macht

Die Welt ist nichts
Als reine Politik.
Alles, was du siehst,
Ist gemacht von Politik.

Die absolute Macht
Ruht in der Politik.
Sie ist die größte Kraft
In unserer Gesellschaft.

Politik ist pure Energie,
Die Welt zu führen.
Politik ist ein Ozean
Aus Möglichkeiten.

Willst du was bewegen,
Musst du dich in die Politik begeben.
Willst du frei sein,
Musst du politisch sein.

Was Politik ist, frage nicht.
Sie ist reine Macht
Und besitzt die Kraft,
Die Erde zu verändern.

Fake Netz

Wahrheit ist weit und breit
Nicht zu finden in den Weiten
Des Internets.

Das Netz ist fake.
Alles in ihm ist gespeist
Von Lug und Betrug.

Die Politik wird schwächer,
Weil digitale Fenster
Alles in den Dreck ziehen
Und die naiven Leute verwirren.

Fern in Russland und China
Haben sie Institutionen,
Die nur die Mission verfolgen,
Die freie Welt mit Fake News zu füllen,
Damit wir schwach werden
Und sie uns besiegen können.

Glaube nichts,
Nur weil es im Netz
Geschrieben steht!

Wir sind

Wir sind das Spielzeug
Der Politik.
Denn wenn die
Politik nur mit uns spielt,
Sind wir in einer Diktatur.

Wir sind alle das Ziel
Echt guter Politik.
Aber ist das Ziel der Politik
Nur eine kleine Gruppe,
Dann sind wir besiegt.

Wir sind die Macht
In einem freien Land,
Aber haben wir keine Macht,
Ist das Land nicht frei.

Wir sind das Licht
Am Ende des Tunnels
Und wir sind das Herz
Eines gesunden Volkes.

Arme Opfer

Mauern bauen
An den Grenzen
Und im Herzen.

Probleme wegschließen
Und hoffen, sie verschwinden
Mit der Zeit.

Einfach die Tatsache
Ignorieren und ungerührt
Weiterregieren.

Wie blind ist die Politik
Und wie sehr lebt sie vorbei
An den Menschen der Republik?

Mauern stauen,
Aber wir Menschen
Wollen Freiheit erbauen!

Freiheit ist das wahre
Kind der freien Welt.
Stacheldraht und Beton
Machen innerlich stumpf.

Herzenspolitik

Kalte Herzen
Formen eine kalte Welt.
Mitgefühl täte
Der Politik gut.

Aber sie kennt
Nur Zahlen und Massen,
Aber sie fühlen
Nicht die einfache Bäckerfrau.

Niedriglohn wird ein Gewand
Und verwandelt sich in eine
Steinerne Wand. Immer mehr Menschen
Schuften und malochen,
Aber müssen in den Suppenküchen
Anstehen oder sich vom Amt
Geld zuschießen lassen.

Ist das System kollabiert
Oder wird es kollabieren
Oder kollabiert es gerade?

Die Zukunft wird beweisen,
Was die Weise ständig preisen:
Politik mit Herz ist es wert!

ABC

Das Leben auf Erden
Steht zur Disposition.
Ob wir noch Erben haben werden
Entscheidet unsere Friedenspolitik.

Wir haben ABC
Und das bezieht sich nicht
Auf das Alphabet.

Das ABC sind Waffenarsenale
Mit der Macht, uns alle
Auszulöschen.

Der atomare Krieg liegt
Dieser Tage im Bereich
Des Möglichen.

Seuchen sind das B im ABC
Und gerade liegt eine Pandemie
Hinter unseren Staaten.

Auch das C tut weh
Und viele vermuten,
Dass sie es derzeit in Kriegen nutzen.

Das Leben auf Erden
Ist massiv gefährdet
Durch die extremen Hightech
Waffenarsenale, die sich ständig
Verbessern und vermehren.

Fehler im Kontrollsystem

Wegen der Krise
In den Miesen.
Wegen des Krieges
Ins Verlies.

Das Land siecht
Und die Politik verliert
Den Kontakt zum Volk
Blind und ungewollt.

Die Welt steht Kopf
Und verliert jede Hoffnung.
Das Ende der atomaren Pilze
Ist eine globale Heroinspritze.

Du kannst uns retten,
Außer du liegst im Bette
Deiner Melancholie und
Wohlstandszweifelei.

Die Welt braucht wieder Helden.
Denn sie hat das Limit erreicht.
Die Welt braucht wieder Aufrechte.
Denn wir allein sind hilflos.
Die Welt braucht wieder Mutige.
Denn jemand muss etwas tun.

Arme Irre

Das Heer der Arbeitslosen
Und die Rettung der Armee:
Den Armen eine Chance geben,
Etwas Sinnvolles aus ihren
Leben zu machen.

Kanonenfutter für den Staat.
Hackfleisch in den
Maroden Getrieben und wer
Nach Russland schaut,
Weiß: Es ist nackte Realität.

Da sterben Tausende,
Gezwungen zum Krieg.
Da sterben Tausende,
Getrieben von der Armut.
Da sterben Tausende,
Weil sie wegen fehlender Bildung
Nicht verstehen,
Was die Hintergründe sind.

Armut ist der Dünger der Kriege.

Zahn der Zeit

Kein Mensch ist unsterblich.
Kein Staat, der nicht untergeht;
Irgendwann.
Der Lauf der Zeit heilt
Oder er zerstört alles,
Was wir lieben.

Bist du bereit auf die Barrikaden
Zu gehen, um politisch
Für das zu kämpfen, was du liebst?

Ohne politischen Kampf
Gibt es keine Freiheit.
Ohne politischen Kampf
Versinkt alles im Sumpf der Korruption.
Ohne politischen Kampf
Sind wir dem Untergang geweiht.

Der Zahn der Zeit
Ist die größte Macht,
Der sich kein Kriegsherr
Widersetzen kann.

Das Schiff unseres Landes
Segelt auf einem stürmischen Ozean
Mit gefährlichen Untiefen.
Sei der Steuermann!

Die Politik ist schuld

Jemand da draußen
Wird gerade ausgeraubt,
Weil die Politik versagt hat.

Jemand da draußen
Wird gerade vergewaltigt,
Weil die Politik versagt hat.

Jemand da draußen
Wird gerade ermordet,
Weil die Politik versagt hat.

Aber wer ist die Politik?
Es sind du und ich
Und alle anderen Mitglieder
Der freien Welt.

Weil wir nicht hart genug gearbeitet haben,
Wird jemand ausgeraubt.
Weil wir nicht alles gegeben haben,
Wird jemand vergewaltigt.
Weil wir nicht fleißig genug waren,
Wird jemand ermordet;
Vielleicht sogar jemand,
Den du liebst.

Schreie in dunkler Nacht

Der Weg der Demokratie
Scheint in einer Sackgasse
Festzustecken.
Vor dreißig Jahren sahen
Wir aus wie die großen Sieger.
Aber Sultanate und andere Diktaturen
Laufen uns den Rang an.

Die globale Freiheit verschwindet.
Vierzig Millionen Menschen
Leben in Sklaverei.
Frauen werden wieder zu Fleischobjekten
Für den, der am meisten bezahlt.

Freiheit ade. Es tut weh.
Die nackte Realität.

Länder zerreißen
Zwischen Strukturwandel
Und Flüchtlingsströmen.

Ein Ende der Krisen
Ist nicht in Sicht.
Nur das Ende der freien Welt
Wird von der Presse beschrien.

Afrikas Wiege

Die Ränder der Welt
Sind die Wiege der Menschheit.
Kein Kontinent ächzt mehr
Als der, wo die Menschheit entstand.

Der Mangel an Geld
Ist nur ein Teil des Problems.
Der Tribalismus ist brutal
Und der Postkolonialismus die Pest.

Könnte Europa helfen,
Wie es behauptet zu wollen?
Die innerstaatlichen Kämpfe
Sind außer Kontrolle.

Ein schweres Erbe und
Unvereinbare Parteien.
Terroristen schlagen Kerben
In alles, was sie erreichen.

Frauen werden geraubt
Von Boko Haram.
Die Bodenschätze ausgebeutet
Von internationalen Konzernen.
Die Jugend wird weggelockt
Von reichen Staaten.
Wer zurückbleibt, den erwartet
Instabilität auf dem Geburtskontinent
Der ganzen Menschheit.

Verzerrte Friedenspolitik

Friedenspolitik
Wider die Realität
Des Kriegs.

Der finale Moment,
Bevor die Bombe
Das Haus wegsprengt.

Der Schwanz
Des Soldaten tanzt
Im Po der Gefangenen.

Das alte Feld
Wird ein Minenfeld
Für gefühlte Ewigkeiten.

Friedenspolitik
In Zeiten des Kriegs
Wirkt so unrealistisch.

Die nackte Realität
Desillusioniert und verbiegt
Die Hoffnung auf Frieden.

Sterbender Staat

Verstörte Größe
Verursacht Härte.
Unser Staat verlor
Seinen Fokus.

Das Volk zählt
Und nichts anderes.
Dafür haben wir
Den Staat erschaffen.

Ämter im Privaten zählen
Heute mehr als das Volk.
Alte werden rausgejagt,
Um für Flüchtlinge Platz zu schaffen.

Der Staat hat vergessen,
Dass wir ihn wählen.
Die bösen Demagogen
Werden das schamlos ausnutzen.

Dann kehrt die Gewalt
Ins politische Geschäft zurück,
So wie es dieser Tage passiert.
Dann endet der Glaube,
Die Politik könnte das Blatt wenden
Oder uns aus der Krise führen.

Das Volk machte den Staat:
Das Volk ist des Staates Aufgabe,
Nicht ausländische Interessen
Oder Millionen Wirtschaftsflüchtlinge.
Denn wenn das Volk stirbt,
Stirbt auch der Staat.

Mediale Kindersoldaten

Die Idee des Krieges siegte
Zuerst in den Filmen und Rapvideos.
So kam der Hass und die
Grenzenlose Gier zurück
In die Mitte unserer Gesellschaft.

Heute sind es ganze Städte,
Die unter Gangmorden ächzen.
Aber die Politik entwickelt
Kein Konzept, diese kranke Ideologie
Zu vernichten.

Punkrock kam in mein Haus
Und mit dem Frieden war es aus.
Ich wurde ein Instrumentalisierter
Und vom Punk manipulierter,
Der gegen alles kämpfte,
Was die Tradition unserer Familie war,
Bis mein Vater an gebrochenem Herzen starb.

Unsere Kinder manipuliert und
Ihre Gehirne infiltriert von Strategien,
Um sie zu willigen Followern zu machen,
Die alles machen, was der Star sagt
Und seien es Morde oder Fentanyl.

Wir kämpfen für eine heile Gesellschaft.
Aber es wird nicht funktionieren,
Solange wir nicht kapieren,
Das bestimmte Medieninhalte
Unsere größten Feinde sind.

Der Staffelstab der Generationen

Kinder lachen.
Aber wie lange werden sie lachen,
Wenn wir nichts gegen die Krisen machen,
Die am Horizont aufziehen.

Die Welt brennt
An tausend Orten.
Das Klima spielt verrückt
Und unser Konsum frisst
Die Zukunft der nächsten Generation.
Der Fundamentalismus greift nach der
Totalen Macht, weil wir es zugelassen
Haben mit einem suizidalen
Migrationspakt.

Hitler kam als Flüchtling
Nach Deutschland.
Schon vor hundert Jahren wussten sie,
Wie Flüsse durch Industrieabfall
Verschmutzten und schon damals war klar,
Gier bringt nichts Gutes.

Die Probleme, die wir heute haben,
Erleben wir nicht
Zum ersten Mal. Sie waren schon da,
Als unsere Urgroßeltern lebten.
Wann wollen wir beginnen,
Aus der Vergangenheit zu lernen?

Politische Fragen

Wenn die Politik versagt,
Stirbt der Staat.
Wenn die Politik gewinnt,
Kinder glücklich singen.

Was Politik ist,
Ist das Spiel mit dem Recht.
Was Politik macht,
Ist das Verwalten der Macht.

Falls die Politik gut ist,
Wird unser Volk blühen.
Falls Politik schlecht ist,
Werden wir untergehen.

Wo Politik erscheint,
Sollte die Sonne scheinen.
Wo Politik korrumpiert,
Wird alles kompliziert.

Wer Politik ist,
Es ist jedes freiwillige Gesicht.
Wer Politik liebt,
Sollte seinen Beitrag bringen.

Blaubraune Kanaillen

Nazis marschieren
Heute mit blauen Schlieren.
Einst waren sie braun
Und grässlich anzuschauen.

Ein neues Kleid;
Dieselbe Art von Gewalt.
Wir müssen sie stoppen
Oder sie werden morden.

Die Welt steht Kopf.
Das Klima hängt am Tropf.
Der Bär brüllt und
Die Wahrheit ist verhüllt.

Was Rechte sind,
Weiß jedes Kind:
Sie sind Scheusale
Mit Anschlagsskandalen.

Die Gewalt bringen sie zurück
Und sie rauben das Glück.
Wird es wieder so enden
Oder können wir das Blatt wenden?

Aufwachen

Der Traum einer besseren Welt platzt!

Haben wir es vermasselt
Oder ist das ganze Schlamassel
Die Folge zufälliger Ereignisse?

Nun der Klimawandel
Ist menschengemacht.
Die islamischen Fundamentalisten
Wurden zum großen Teil
Mit Geldern aus dem Westen aufgebaut.
Der Kommunismus ist zurück,
Weil wir seine Produkte kauften.

All diese Mächte
Entwickeln Kräfte,
Um uns zu zerstören.

Der Traum einer besseren Welt platzte,
Weil wir verschlafen haben,
Ihn wahrzumachen.
Zeit zu erwachen!
Zeit zu erwachen.

Erwacht!

Der Blick zurück

Fragen über Fragen
Wird es hageln
Von den Kindern der Zukunft.

Warum haben wir nichts gemacht,
Als es geschah?

Warum haben wir nichts getan,
Als es begann?

Warum haben wir es nicht gestoppt?

Wovon ich rede?
Es gibt viele Wege,
Das zu erklären.
Denn an globalen Krisen
Haben wir mehr als genug.

Falsche Werte. Dumme Süchte
Und oberflächliche Lebenskultur.
Das sind die Gründe,
Weshalb wir nichts taten,
Als die Katastrophen geschahen.

Chinesischer Überwachungsstaat

An den Spitzen.
Auf dem Thron.
Kleine Ritzen mit
Digitaler Überwachungstechnik.

Bald gibt es die App,
Um alles zu kontrollieren.
Dann braucht es nur einen Algorithmus,
Der einem Mann gehört
Und er ist der erste Superkönig
In der Geschichte der Menschheit.

Totale Kontrolle.
Absolute Überwachung.
Wie lange, bis sie aus der Distanz
Unsere Gehirnströme messen können
Und wissen und kontrollieren,
Was in uns vor sich geht?

Heute kämpfen wir,
Damit die Kinder von morgen
Freie Gedanken denken dürfen.

Ohn(e)macht

Keine Macht
Heißt Ohnmacht,
Heißt, sie können mit dir machen,
Was sie wollen.

Politik heißt Macht.
Willst du nicht mehr ohnmächtig sein,
Dann mach Politik.

Macht erlangst du
Durch Politik.
Wer politisch ist,
Ist nicht länger ohne Macht.

Ergreife die Macht,
Denn sonst werden sie mit dir machen,
Was sie wollen.

Ohne Macht
Heißt ohnmächtig.
Ohne Macht
Können sie mit dir machen,
Was sie wollen.

Arbeite politisch hart
Und erlange die Macht,
Dass keiner mit dir machen
Kann, was er will!

Transferleistungen

Keine Welt
Ohne Geld.
Kein Leben,
Das nicht kalkuliert.

Wir sind Zahlen und
Eine Steuernummer.
Für das System
Sind wir nur Teile einer Tabelle.

Tote Zahlen
In einer lebendigen Welt.
Wache Kinderaugen,
Die berechnet werden.

Der Bulle rennt
Und alle lachen.
Der Bär brüllt
Und Eltern zerbrechen.

Zahlen formen das Land.
Die Politik ist ihr ewiger Sklave.
Der Held des Geldes.
Das Leben als Portemonnaie.

Offen, gleich, geheim und frei

Faire Wahlen gibt es nur dort,
Wo die Mehrheit ihre Macht
Nicht missbraucht und damit die Opposition
Nicht schikaniert und unterdrückt wird.

In meinem Land sind die Monotheisten
Die mächtigste Gruppe, gefolgt
Von den Linken. Sonderregeln
Für diese Gruppen sind selbst hier
Die unleugbare Realität.

Faire Wahlen geben Chancen
Nicht nur an die Mehrheit.
Faire Wahlen strahlen
Frieden und Freiheit aus.
Faire Wahlen erzeugen keine Qualen
Unter denen, die anderer Meinung sind
Als die Mehrheit und das Staatsfernsehen.
Faire Wahlen sind in den Annalen
Seltener zu finden, als du denkst.

Hinter verschlossenen Toren
Wird oft entschieden, was eigentlich
Die Aufgabe freier Wahlen ist!

Pegasus

Die Opposition
In der Konfrontation:
Synchron mit ihren Handys
Läuft ein Programm
Und spannert und liest mit.

Sie spionieren,
Um zu diktieren.
Die Bastion der Opposition
Neigt zur Depression,
Denn der Überwachungsstaat
Macht ihre Leben nackt.

Sie sehen alles.
Sie hören alles.
Sie lesen alles mit.

Privatsphäre ade.
Keiner ist mehr allein

Oder anonym.

Wir sind gläsern.
Total überwacht.

Bullenmarkt

Die Welt ist real,
Aber viele Derivate nicht.
Wir hebeln an den Börsen
Und das hebelt die Welt
Aus ihren Angeln.

Börsen spekulieren
Und Politiker kapitulieren,
Weil sie das Finanzsystem
Bisher nicht kapieren.

Sie reden von Aktien und Fonds
Und halten sie für Wunderwaffen.
Sie begreifen nicht, dass Produktivität
Aus etwas anderem entspringt.

Der Bulle und der Bär sind Ikonen;
Auch in der Zeit, wenn die Drohnen
Unsere Luft erobern und alles
Distanziert digitalisiert funktioniert.

Geben wir nach oder
Geben wir auf? Worauf baust
Du deinen zukünftigen Reichtum auf?
Die beste Basis ist eine effiziente
Und kompetente Wirtschaftspolitik.

Das Meisterstück

Wir können uns erst betten
Und uns entspannt necken,
Wenn wir die Welt retten.

Derzeit brennt die Welt.
Befeuert wird der Weltbrand
Von sehr viel Geld.

Menschen vergessen,
Was wirklich zählt,
Weil sie gegeneinander kämpfen.

Wahres Glück kommt zurück,
Wenn die Politik das Meisterstück
Des Friedens aufführt.

Harmonie in den Federn
Und liebend ehren,
Wenn Frieden auf Erden.

Oligarchus

Die Banken scheitern
Und wir begleichen
Ihre Schulden und dulden,
Dass die Manager weiter
Millionen Gehälter kassieren,
Nachdem sie versagten.

Eine gerechte Welt
Braucht Verantwortliche,
Die bei grobem Versagen
Für ihre Fehler bezahlen.

Aber unsere Politik
Hilft den Bänkern mit unserem Geld,
Wenn sie scheitern, aber sie zahlen
Es nicht zurück, wenn der Erfolg zurück ist.

Unsere Politik frisst die Steuern.
Unsere Politik versteht nicht,
Wie sie richtig investieren muss,
Um unser Land zum Blühen zu kriegen.
Unsere Politik hofft nur auf einen Platz
Am Tisch einer gewählten Amtszeit.

So wird aus einer Demokratie
Eine verborgene Oligarchie,
Gemacht von gewählten Demokraten.

Oberflächenpolitur

Die Welt zerfällt,
Aber hat mehr Geld
Als jemals zuvor.

Die dummen Menschen
Kämpfen für Reichtum,
Einfluss und Macht.
Dabei hat nur Liebe die Kraft,
Wirklich etwas zu verbessern.

Wir könnten,
Wissen alle.
Wir müssten,
Verstehen alle,
Aber wir gucken lieber fern
Und scrollen auf unseren Smartphones
Und ein Staat nach dem anderen wird
Zum gescheiterten Staat.

Unsere Probleme sind nicht größer;
Wir nur abgelenkter.
Unsere Politiker sind nicht schlechter;
Wir wählen nur oberflächlicher.
Unsere Welt wird nicht ärmer,
Wir verteilen nur unfairer.
Unsere Zukunft ist nicht verloren,
Falls wir jetzt endlich aufhören,
Unsere Zeit zu verschwenden.

Einbuchsklaverei

Der Kampf
Gegen die Lehrer
Göttlicher Sklaverei
Ist das Wesen, aus dem
Die heutige Demokratie geboren.

Im Namen eines Buches
Unterjochten sie das Volk.
Im Namen eines Gottes
Versklavten sie unsere Ahnen
Für über tausend Jahre.

Pfaffen, Imame und Päpste
Sind und waren
Nichts anderes, als die, die mit der Kette
Des Glaubens uns
Die politische Freiheit raubten.

Ein gerechtes Land

Finde den Fehler im System
Und dann behebe ihn!
Wäre es nur einer,
Wäre es ein leichtes Spiel.
Aber das System ist überflutet
Von Fehlern und Missständen.

Ein politisches System,
Das sich nicht reflektiert,
Ist dazu verdammt ein Unrechtsland
Zu werden und den Menschen
Nur Kummer und Sorgen zu bescheren.

Wenn wir nicht aufstehen
Und alles infrage stellen,
Werden wir untergehen.

Ein faires Land und
Ein gerechtes System wird
Immer daran erkannt werden,
Dass man es kritisieren darf!

Der Kopf des Königs rollt

Der König stürzt
Und das Volk triumphiert.
Doch damit ist der Sieg
Nicht gemacht, denn jetzt
Erwartet uns harte Arbeit.

Gute Politik wird
Die Königreiche stürzen.
Denn in einer gerechten Welt
Finden sich keine Königreiche mehr.

Es gibt keine freie Wahl,
Wo es Könige und Scheichs gibt.
Es gibt keine geheime Wahl,
Wo es Könige und Scheichs gibt.
Es gibt keine gleiche Wahl,
Wo es eine Königin gibt.

Eine bessere Welt
Kann erst da beginnen,
Wo alle Aristokratie verschwindet.

Wieder ein Anschlag

Amok scheint der neue Volkssport
Der Feinde der Demokratie.
Sie erschüttern unsere Städte
Mit Schüssen und Bomben.

Was sollen wir tun?
Hart zurückschlagen,
Könnte die Sache eskalieren lassen.
Nachsichtig reagieren,
Könnte sie noch mehr motivieren,
Uns zu terrorisieren, weil sie glauben,
Nachsicht lässt uns schwach aussehen.

Was können wir tun
Gegen Amok und Terror?
Wie umgehen mit der permanenten
Gefahr vor Anschlägen?

Ich glaube, wir müssen tiefer gehen
Und den Feind mit seinen Wurzeln
Vertilgen. Denn wenn die Wurzeln zerstört sind,
Dann hört es endlich auf.